AF458922

EXPÉDITION DE CHINE

LETTRES D'UN VOLONTAIRE

AU 102me

PARIS. — IMP. W. REMQUET, GOUPY ET Ce, RUE GARANCIÈRE, 5.

EXPÉDITION DE CHINE

LETTRES D'UN VOLONTAIRE AU 102me

RECUEILLIES ET MISES EN ORDRE

PAR

ÉMILE MAISON

PARIS

LIBRAIRIE DE BENJAMIN DUPRAT

Rue Fontanes, 7 (cloître Saint-Benoît)

PRÈS LE MUSÉE DE CLUNY.

1861

PRÉFACE

Pendant que je faisais la campagne des Deux-Siciles et que j'écrivais mon *Journal d'un volontaire de Garibaldi*, un de mes amis, volontaire au 102e, prenait part à l'expédition de Chine et envoyait à sa famille des lettres pleines d'intérêt sur cette lointaine expédition.

Ce sont ces lettres que j'offre aujourd'hui à la publicité. Il ne m'appartient pas d'en faire l'éloge. Je laisse au lecteur le soin de les juger.

Cependant, je ne puis m'empêcher de dire qu'elles se font surtout remarquer par un grand accent de vérité, non-seulement en ce qui concerne les opérations militaires proprement dites; mais encore par tout ce qui touche à nos relations avec les Chinois.

Bien que cette préface soit pour ainsi dire personnelle, quelques mots sur les causes et les effets de la guerre ne me paraissent pas hors de propos.

Chienn-Feung, (prospérité universelle) quatrième fils de Tao-Kouang (raison éclatante) ; mort en 1849 « pour gagner, sur le dos du dragon, les visions éthérées et le séjour des dieux, » est monté sur le trône de Chine à l'âge de dix-neuf ans.

Au lieu d'inaugurer son règne par la voie du progrès, c'est-à-dire d'accepter les relations qui lui étaient offertes par les peuples occidentaux, il préféra continuer la politique stationnaire de son père en leur fermant tous les ports de son vaste Empire.

Faible et vindicatif tout à la fois, il fit éloigner de ses conseils et de son gouvernement les hommes qui, à tort ou à raison, étaient regardés comme favorables aux étrangers, et notamment le gouverneur du Fo-Kien, Sin-Ki-Iou, l'auteur d'une publication concernant les pays qui ne sont pas soumis au gouvernement immédiat du Fils du ciel, publication dans laquelle, il est vrai, les souverains de l'Europe ne sont désignés que comme rois tributaires.

Enfin, après de nombreux efforts et de nombreux coups de canon, la France et l'Angleterre obtinrent le 27 juin 1858, des traités connus sous le nom de *Traités de Tien-tsin*, traités qui stipulaient en faveur des alliés le droit d'entretenir une représentation permanente à Pé-King, ouvraient différents ports au commerce européen, et fixaient à quinze millions l'indemnité due à la France et à trente millions celle de l'Angleterre.

Le 13 septembre 1859, on lisait, en tête de la partie officielle du *Moniteur :*

« Aux termes de l'article 42 du traité signé à Tien-tsin, le 27 juin 1858, les ratifications devaient être échangées à Pé-King, et les ministres de France et d'Angleterre avaient, en conséquence, quitté Chang-Haï, pour se rendre dans la capitale de l'Empire, après avoir annoncé leur départ au commissaire du gouvernement chinois. Arrivés le 20 juin à l'embouchure du Péï-ho où ils avaient été précédés par l'amiral Hope, commandant les forces navales de S. M. Britannique, *ils tentèrent inutilement de se mettre en rapport avec les autorités chinoises*. L'accès du fleuve avait été fermé par des estacades. L'amiral Hope et le capitaine Tricault, commandant *le Duchayla*, *dûrent* essayer de forcer l'entrée. Les forts du Péï-ho ouvrirent aussitôt le feu de toutes leurs batteries, qui avaient été rétablies et armées de pièces à longue portée. Les alliés ne pouvant pas disposer de forces suffisantes, ne réussirent pas à l'éteindre, malgré la bravoure héroïque déployée par les marins anglais et français et leurs officiers. Après un combat de plus de quatre heures, trois canonnières anglaises avaient été coulées, et 478 officiers et marins, dont

14 français, avaient été mis hors de combat; l'amiral Hope et le commandant Tricault étaient eux-mêmes légèrement blessés. Ne pouvant soutenir une lutte inégale avec des forces qui n'avaient été combinées que pour faire escorte aux envoyés de France et d'Angleterre, les alliés devaient se retirer, et ils étaient de retour à Chang̃-Haï le 6 juillet.

« Le gouvernement de l'Empereur et celui de Sa Majesté Britannique se concertent pour infliger le châtiment et pour obtenir les réparations qu'exige un acte aussi éclatant de déloyauté! »

Peu de temps après, de nouvelles forces militaires et maritimes, comportant environ 25,000 Français et Anglais, allaient, en effet, donner aux Chinois une éclatante revanche de leur affaire de Péï-Ho du 25 juin 1859.

Chose inouïe! un corps d'armée, relativement petit, a dicté, au nom des deux pays, un traité humiliant à une nation de quatre cents millions d'âmes, dont l'armée, en temps de paix, ne s'élève pas à moins de 740,000 hommes.

Si je ne craignais d'être traité de versatile, je dirais que depuis lors le Chinois a dû regretter d'avoir inventé la poudre.

— Oui! 25,000 hommes sont allés à l'extrémité de l'Asie attaquer la nation la plus anciennement civilisée du globe; — ils sont allés lui jeter ce prophétique défi de l'Europe au vieil Orient; ils l'ont forcée, bon gré mal gré, à subir l'influence irrésistible de la civilisation moderne; ce qui prouve encore combien est faible cette nation colossale!

Les hommes versés dans les études orientales ont dû, ce me semble, regarder cette dernière expédition comme la plus insigne des témérités. Pour moi, je n'y vois, à vrai dire, que le résultat inévitable de la lutte de deux éléments qui se disputent constamment le monde : la civilisation et la barbarie.

Il peut se faire que l'Angleterre n'ait entrepris cette guerre que dans un but mercantile (1). Quant à la France, son principal but, selon moi, but parfaitement atteint, a été de défendre et de venger l'honneur de toutes les nations civilisées, outragées par la suzeraineté universelle que prétendait exercer sur elles le bien-aimé Fils du ciel et de la terre, le grand Empereur du Milieu « à qui l'univers entier doit respect et hommage, » puisque, selon les Chinois, il ne doit y avoir qu'un empereur.

(1) J'ai lu (fin 1859) dans le *Morning Advertiser* :

« Les espérances conçues de réaliser de beaux bénéfices en échangeant contre les produits de la Chine des produits de Manchester sont déçues. Il n'y a pas à se fier aux traités avec les Chinois, et il est évident qu'une extension de commerce de ce côté ne peut être conquise que par les armes, au prix de grands sacrifices de sang et d'or. »

Les Chinois passent pour être très-habiles dans l'art d'éluder les clauses d'un traité. J'aime à croire toutefois qu'ils sauront respecter celui du 25 octobre dernier; et si mon langage devait être entendu d'eux, je leur dirais : « Mes bons amis, rappelez-vous ces paroles de votre grand Confucius : La paix la moins glorieuse est préférable à la plus éclatante victoire, » — et tâchez d'en profiter dans votre intérêt comme dans le nôtre.

Au lieu de chercher à expulser *les barbares de chez vous*, tâchez de faire bonne et prompte justice de tous les insurgés qui parcourent en pillant certains de vos pays, sous un prétexte trop égoïste pour être humanitaire, bien qu'ils aient pour devise cet article du *Chou-King* : « Ce que le ciel voit et entend n'est que ce que la nation voit et entend. Ce que la nation juge digne de récompense ou de punition, est ce que le ciel veut punir ou récompenser. Il y a une communication intime entre le ciel et la nation ; que ceux qui gouvernent soient donc attentifs et réservés !... »

Et, à ce sujet, qu'il me soit permis de parler d'une combinaison proposée par un très-jeune orientaliste, M. Léon de Rosny, dans un article intitulé : *La Question Chinoise*, et publié par la *Revue de l'Orient*. Dans cet article, M. de Rosny proposait d'appuyer l'insurrection de Nan-kin (1), de rejeter la dynastie barbare au delà de la grande muraille, et de rétablir une dynastie nationale qui serait notre alliée. Il ignorait et ignore sans doute encore que l'insurrection de Nankin n'est point le résultat d'un mouvement national, et que, d'un autre côté, en mettant son projet à exécution, les alliés auraient rencontré des ennemis dans les deux camps, aussi bien chez les impériaux que chez les rebelles, qui possèdent au même degré la haine de l'étranger.

Le lecteur trouvera, au surplus, quelques détails fort curieux sur le véritable caractère de cette insurrection dans une des lettres composant ce volume. Je me borne donc à résumer mon opinion en deux mots, à savoir que les rebelles font bien plutôt la guerre au pays qu'au gouvernement.

Qu'en face de ces désordres notre intervention reste pure de tout excès ! qu'aux yeux des Chinois la justice et la bonne foi apparaissent comme les compagnes inséparables de la société européenne, et bientôt ils reconnaîtront que plus que nous peut-être ils gagneront à entrer dans le mouvement général du monde. L'esprit chrétien, souffle d'amour et de

(1) Depuis que la dynastie mantchoue règne sur la Chine, Nankin a cessé de s'appeler ainsi, *capitale du sud* ; dans le style officiel, cette ville s'appelle maintenant *Kiang-Ning*.

liberté, va dans un temps prochain donner la vie de l'âme à ce peuple trop longtemps abruti par les doctrines matérialistes. Le *Te Deum* chanté dans la cathédrale de Pé-King au lendemain de notre victoire, a ouvert pour les Chinois une ère de régénération. A quel rôle merveilleux ne seront-ils pas appelés si rien ne vient mettre obstacle au développement de leurs destinées nouvelles !

ÉMILE MAISON.

PREMIÈRE LETTRE

Ordre de départ. — Adieux à la France. — Le général de Montauban.

Lyon, le 7 novembre 1859.

Le sort m'a désigné pour aller en Chine. Dans quelques jours je serai à Toulon, où nous devons nous embarquer pour cette région lointaine.

Mais, avant de partir, je tiens à vous faire mes adieux, et à vous dire que, de loin comme de près, je penserai constamment à vous. Recevez donc ici, avec la nouvelle expression de mes sentiments affectueux, ces adieux du cœur, que l'on adresse toujours aux siens, quand on se sait à la veille de partir pour un long et dangereux voyage.

Je dis aussi adieu à la France, que je ne verrai bientôt plus ; je dis adieu à son beau ciel, à ses vallons, à ses prairies, à ses plaines, à ses bois; enfin, je dis adieu à tout ce qui vit et croît sur le sol de ma patrie !

Ne craignez rien pour moi ; car je suis heureux de pouvoir faire partie d'une expédition entreprise au nom de la civilisation.

Je vous copie l'ordre du jour du général de Montauban, notre commandant en chef, auquel l'armée entière a applaudi :

« Officiers et soldats !

« Sous l'égide de Napoléon III et de la France, vous êtes appelés à entreprendre une expédition lointaine et glorieuse.

« Votre mission ne sera pas d'ajouter une nouvelle conquête à toutes celles qui ont illustré la France ; vous allez montrer, par une discipline sévère, à des populations nombreuses, que vous n'êtes pas les barbares qu'elles pensent, comme vous leur prouverez, par votre ardeur belliqueuse, la supériorité de votre courage.

« Pour la seconde fois, votre drapeau s'unira au drapeau anglais, et cette union sera un gage de victoire, comme celle des deux peuples est un gage de paix pour le monde entier.

« Votre tâche est grande et belle à remplir ; mais le succès est assuré par votre dévouement à l'Empereur et à la France. Un jour, en rentrant dans la mère-patrie, vous direz avec orgueil à vos concitoyens, que vous avez porté le drapeau national dans des contrées où la Rome immortelle, du temps de sa grandeur, n'a jamais songé à faire pénétrer ses légions.

« Sa Majesté, en m'accordant l'honneur de vous commander en chef, me fait une haute faveur, dont je ne pourrai mieux lui témoigner ma reconnaissance, qu'en m'occupant de pourvoir à tous vos besoins, avec une sollicitude constante.

« Vienne le jour du combat, et vous pourrez compter sur moi, comme je compte sur vous : nous assurerons la victoire aux cris de Vive l'Empereur ! vive la France !

« Au quartier-général, à Paris, le 19 novembre 1859.

« Le général commandant en chef,

« COUSIN DE MONTAUBAN. »

Adieu ! je vous écrirai.

DEUXIÈME LETTRE

Départ de Toulon. — Traversée. — Le jour de l'an. — Passage sous la ligne. — Arrivée au cap de Bonne-Espérance. Physionomie de la ville et des habitants. — Les Débats et M. John Lemoine.

Cap de Bonne-Espérance, le 7 février 1860.

Je profite de mon séjour au Cap, pour vous donner de mes nouvelles.

Comme vous le savez sans doute, notre embarquement a eu lieu à Toulon, à bord de la *Dryade*, le 5 décembre de l'an de grâce 1859.

Depuis lors, j'ai vu bien des choses ; mais je n'essaie point de vous en faire le récit, dans la crainte d'abuser de vos instants.

Je m'en vais seulement vous donner en quelques lignes l'itinéraire de notre voyage.

Le 7 décembre, nous avons aperçu les îles Baléares.

Le 9 au matin, nous sommes entrés dans le détroit de Gibraltar ; à midi, nous quittions l'Europe, laissant à droite la dernière ville de cette partie du monde, Tarifa, petite ville espagnole.

Le 16, nous avons aperçu les îles Madères; le 17, l'île Palma; le 18, les îles Canaries et le pic de Ténériffe; et le 21, les îles de Fer.

Depuis cette dernière date jusqu'au 28 janvier inclusivement, nous n'avons pas vu la terre une seule fois.

J'oubliais de vous parler du premier de l'an. Ce jour-là, tout le monde s'est embrassé; soldats et matelots, officiers et passagers; tout le monde s'est confondu dans la même pensée et dans la même espérance; — victoire et liberté!

A cette occasion, je me suis permis d'adresser au colonel, tant en mon nom, qu'en celui de mes camarades, un petit discours de circonstance, dans lequel j'ai tâché de témoigner à ce digne chef, notre respect et notre dévouement pour sa personne. Je me félicite d'avoir eu cette bonne pensée; car à peine venais-je de finir, que les cris enthousiastes de: Vive la France, vive l'armée, vive le colonel! partaient de toutes les bouches, dans un même élan d'amour et de reconnaissance.

J'oubliais aussi de vous parler de notre passage sous la ligne de l'équateur, passage qui s'est opéré justement le premier janvier, et qui a donné lieu à la fête la plus excentrique que je connaisse.

Le temps était superbe. Le soleil brillait du plus vif éclat, et la mer semblait, par son calme et sa limpidité, appeler à elle tous ses platoniques amants... Mais je reviens à la fête en question.

Les pompes, naturellement, étaient chargées du baptême des hommes, et j'ajoute à leur louange, qu'elles se sont comportées de la plus louable façon : abondance, célérité, rien n'a manqué à l'opération. Les officiers ont également assisté à la distribution générale des eaux, et cela, avec une bonne grâce que je me plais à reconnaître.

Bref, représentez-vous, mes chers amis, des processions de gens déguisés en diables de toutes couleurs ou vêtus de costumes d'un grotesque inouï ; puis le vénérable père la Ligne et son octogénaire compagne dans un char, bariolé de toutes les façons, traîné par huit individus, portant chacun une couverture sur le dos, et marchant à quatre pattes, et vous aurez une idée de cette fête, de cette saturnale de mode nouvelle.

Le drapeau du régiment a été témoin de la fête ; et le colonel, dans un ordre du jour, nous a adressé ces paroles : « Que sa vue fasse palpiter vos cœurs ; qu'il vous rappelle l'image de la patrie absente ; car c'est bien de lui qu'on peut dire maintenant : le clocher du village. Étant le premier drapeau de l'infanterie qui passe sous la Ligne, nous demanderons à l'Empereur la permission d'y mettre deux emblèmes maritimes : (deux ancres, etc., etc.). »

Le 29, nous sommes passés à côté des îles de Tristan d'Acunha (possessions portugaises); le lendemain, on nous a fait remarquer, à l'aide d'une lorgnette, les îles Diego Alvarez; enfin, le 5 février, à quatre heures du matin, nous avons aperçu le cap de Bonne-Espérance.

L'aspect du Cap est on ne peut plus riant. La ville, bâtie presque sur le bord de la mer, montre de loin la blancheur de ses élégantes maisons et le front sévère des forts anglais. On y trouve toutes les commodités et jouissances désirables, et l'on savoure d'autant mieux ces bienfaits, que la privation s'en est fait vivement sentir pendant la traversée.

Je rends, au reste, pleine et entière justice aux Anglais pour la manière dont ils s'installent dans leurs colonies. Partout où ils s'établissent, ils apportent avec eux ces mille et un riens qui rendent les voyages faciles et l'existence agréable.

Les habitants du Cap forment à eux seuls une véritable tour de Babel.

J'ai remarqué parmi eux, — indépendamment des Hottentots, des Cafres et des nègres affranchis, — d'abord, quantité d'Anglais et d'Anglaises, — cela va sans dire ; — ensuite quelques Français, plusieurs Italiens et un assez grand nombre de Hollandais ; puis, enfin, des Chinois, des Malais, des Japonais et quantité d'autres gens appartenant à l'extrême Orient, sans oublier certaines négresses qui ont l'habitude de porter leurs enfants sur le dos, enveloppés dans un grand châle.

Mais ce qu'il y a de plus intéressant à observer,

c'est de voir que presque tous ces gens-là, sans distinction, soit de race, soit de rang, sont uniformément vêtus d'après le procédé anglais (breveté celui-là, avec garantie du gouvernement), et j'ajoute encore au risque d'attirer sur moi les foudres du Léopard, — que les vêtements de Manchester sont loin d'embellir les cosmopolites habitants de cette ville.

Le matin, la ville est toute remplie du bruit des lourds chariots qui amènent au marché les produits des villages voisins et des pesants attelages de bœufs, qui se rendent dans la plaine.

Dans le jour, tout le monde travaille ou se repose à qui mieux mieux.

Le soir, les habitants se divisent par groupes et vont à la promenade s'entretenir des affaires commerciales de la journée, de la question des sucres, de l'augmentation des cotons, du mouvement italien, de la prochaine annexion de Nice et de la Savoie à la France, et d'une foule d'autres choses, dont je me dispense de vous faire l'énumération, la politique n'étant pas étrangère à l'événement.

Vous le voyez, le monde est partout le même. Sous quelque latitude et dans quelque pays que nous soyons, nous y rencontrons toujours à peu près les mêmes habitudes et les mêmes usages.

Mieux que cela, si je vous disais que, tantôt, dans un café, où j'étais entré pour boire un verre de vin de Constance, j'ai entendu commenter un article de John Lemoine, du *Journal des Débats* : *honni soit qui mal y pense*, me croiriez vous ? non ; et cependant ce que je vous rapporte là est vrai comme la vérité vraie ; et si je vous disais encore que les commentateurs de cet article, au nombre de cinq, tous de *couleurs* et d'opinions différentes, ont fini par s'entendre sur le mérite dudit article, il est probable que vous ne me croiriez pas davantage, et, néanmoins, je le répète, je ne vous raconte rien qui ne soit d'une exacte vérité, rien qui ne soit digne d'être comparé à une parole d'Évangile.

A beau mentir qui vient de loin.

Je vous vois d'ici en train de m'accabler avec ce dicton populaire, mais je ne cherche point à me défendre, sachant trop combien l'incrédulité entre facilement dans l'esprit de ceux qui n'ont jamais voyagé.

Encore quelques lignes, et j'ai fini.

Nous avons ici une température délicieuse, et des fruits de toute sorte, à très-bon compte. D'un autre côté, notre santé à tous est excellente ; si bien que, nous sommes aussi heureux que peuvent l'être des hommes qui viennent de faire 4,500 lieues, et auxquels il en reste encore 3,000 à parcourir, pour arriver à destination. Vous pouvez donc, en toute assurance, cesser vos plaintes et appréhensions à mon endroit, car je me trouve parfaitement bien sous tous les rapports.

C'est le 21 de ce mois que nous quittons la rade

du Cap, pour nous rendre en Chine. Dieu veuille que nous ne soyons pas obligés de tirer des bordées (faire des détours), comme pendant la première partie de notre traversée. Autrement, nous risquerions fort de trouver les Chinois envolés.... Adieu!

TROISIÈME LETTRE

Singapore. — Excursion dans le quartier européen et dans le quartier Chinois-Indou. — Les Anglais et leurs chapeaux. — Les fumeurs d'opium. — Un mot sur les mœurs.

Singapore, le 9 avril 1860.

Je vais consacrer les instants dont je puis disposer aujourd'hui à vous entretenir de mes impressions sur l'Ile de Singapore, qui se trouve dans la mer des Indes, sur notre passage pour nous rendre à Hong-Kong.

C'est au milieu d'un délicieux assemblage d'îlots chargés de verdure que l'on arrive au mouillage de Singapore. Le navire, doucement balancé par les flots d'une mer magnifique, s'avance à travers les passes comme dans les allées d'un jardin. On aperçoit, dans le lointain (au nord), les épaisses forêts de la côte malaise qui se dessinent à vos yeux semblables à l'ombre d'un nuage. Puis, portant ses regards vers le midi, on voit Sumatra aux collines étagées, recouvertes d'une végétation luxuriante et inexplorée.

Vu de l'entrée de la rade, l'aspect de cette petite île est d'un effet magique. La ville est séparée en deux quartiers très-distincts par une petite rivière qui descend des parties supérieures de l'île. A gauche, on aperçoit le quartier Chinois-Indou, habité par tous les Orientaux imaginables; à droite, le quartier des Européens, mais peuplé d'Anglais principalement, qui y font, m'assure-t-on, un commerce vraiment fabuleux.

Ayant eu le rare privilége de descendre à terre, j'ai pu visiter un instant l'un et l'autre quartier.

Le quartier des Européens, — ou des Anglais, à votre choix, — est composé de délicieuses maisons à moitié cachées par de grands arbres toujours verts, et séparées par de vastes jardins où s'élèvent le palmier, le bananier, le muscadier, le giroflier, l'arbre à pain et l'immense sapan des Indes. Les rues sont larges; aussi, les fils d'Albion — le parasol aidant — parcourent-ils commodément Singapore en voiture ou en palanquin avec ce flegme imperturbable que vous leur connaissez chez eux.

A propos des Anglais — les Anglaises comprises, — qu'il me soit permis de vous faire remarquer que nos dignes alliés portent ici des chapeaux d'une excentricité dont il est impossible de se faire une idée sans les avoir vus *de visu*. Ce n'est point, au reste, un reproche que j'entends leur adresser; au contraire, je tiens à constater qu'en cela ils se montrent exempts de préjugés et, partant, supérieurs à nous autres Français qui sommes gens à faire le tour du monde pour échapper à la crainte du ridicule.

Mais pourquoi cette longue digression, allez-vous me demander?

Pour vous dire que les Anglais de Singapore ont des chapeaux comme on n'en voit nulle part, excepté à Singapore.

. . . .

Quant à l'autre quartier, il est moins spacieux et moins aéré. C'est un amas de rues étroites, tortueuses et sales, mais cependant pleines d'animation et de vie. J'ai vu là des produits et des marchandises de toute espèce. Je crois aussi y avoir vu tous les costumes de l'univers et entendu tous les cris du monde. A côté d'un Parsis (1), descendant des vieux Perses et toujours sectateur idolâtre de Zoroastre, j'ai trouvé un Hindou couleur noir d'ébène, la tête couverte d'un large turban et le corps fièrement drapé dans un ample vêtement de mousseline blanche, assis près d'un Chinois jaune comme de l'ocre, la tête rasée, tenant d'une main un éventail gigantesque et, de l'autre, son proverbial parasol.

Dans une rue située au centre d'une ville indienne, je suis entré dans une fumerie d'opium, et j'ai vu là le plus horrible spectacle de dégradation humaine qu'il

(1) Appelé autrement guèbre.

soit donné à l'homme de voir. Malheureusement, le temps me manque pour vous en entretenir longuement aujourd'hui.

Pour suppléer à cette absence de temps, je vais tâcher de vous donner, à l'aide de quelques détails caractéristiques, un tableau fidèle de la scène à laquelle j'ai assisté.

Au-dessus de la porte de l'établissement, se trouve un écriteau avec cette inscription : *Licensed opium shop* — mieux vaudrait mettre : *C'est ici le Tombeau de la raison*. J'entre, et, dans une grande salle entourée de grabats en bois, j'aperçois une quinzaine de Chinois, les uns fumant, les autres déjà plongés dans le sommeil de l'ivresse. Une fumée épaisse et nauséabonde remplissait la salle ; je fus obligé d'en sortir presque aussitôt.

Ainsi donc, à Singapore, l'opium se fume officiellement, publiquement, avec patente et presque sous la garantie du gouvernement anglais ; tandis qu'en Chine, le Fils du Ciel a interdit, sous les peines les plus sévères, l'usage de cet infernal poison dans ses États ! N'y a-t-il pas un enseignement à tirer de cette comparaison ?

J'ai ouï dire qu'à Naples le relâchement dans les mœurs était excessif ; sans connaître Naples, je puis vous assurer que Singapore est au moins sa rivale sous ce triste rapport. Au surplus, je n'en veux d'autre preuve que ce témoignage émanant d'un illustre voyageur :

« Singapore, peuplé de marchands, célibataires pour la plupart, et visité par une foule de matelots, se trouve dans les conditions les moins favorables pour l'honnêteté des mœurs. Si la vertu était exilée de la terre, ce ne serait assurément pas dans ce port, ouvert à tous les vents et à toutes les passions, qu'elle viendrait chercher un asile. »

Nous partons demain pour Hong-Kong. Adieu!

QUATRIÈME LETTRE

Hong-Kong. — Aspect de la ville. — Sa population flottante. Les Chinois du Céleste-Empire et les Chinois de Paris. L'écho de la Dryade. — Détails intimes.

Hong-Kong, le 30 avril.

Nous voici arrêtés à Hong-Kong pour faire des provisions de charbon et d'eau douce. Aussitôt ces provisions faites, nous nous dirigerons sur Chang-Haï, terme définitif de notre voyage.

La ville de Hong-Kong charme les yeux par l'aspect de ses blanches maisons placées en amphithéâtre, et qui se dessinent par groupe au milieu de verts feuillages. Ici point de pagodes, point de chaumes rustiques; partout vous ne distinguez que de belles bâtisses pourvues d'une quantité incroyable de fenêtres.

Le faubourg de cette ville s'étendant sur le bord de la mer ne plaît pas tant à l'œil que la ville elle-même. Il me paraît être composé en grande partie de fabriques, d'ateliers et de manufactures. Derrière la ville et le faubourg s'élèvent plusieurs montagnes qui montent presque à pic et sont sillonnées de sentiers et de routes. D'une grande aridité, elles ne plaisent aux regards que par le caprice de leurs formes pittoresques.

Quant aux habitants, ne les voyant que fort peu, puisque je suis condamné à rester à bord, je me contenterai de vous parler de ceux qui viennent ici dans l'espoir de nous vendre leurs marchandises, et que j'appellerai volontiers mercantiles.

Ce sont pour la plupart des gens forts et robustes, et, de plus, très-affables. Quelques-uns d'entre eux parlent convenablement le français.

Leur teint est jaunâtre et leur chevelure légèrement fantastique. Hormis cela, ils peuvent se flatter d'avoir beaucoup de ressemblance avec nous, n'en déplaise aux puritains de mon pays....

Au surplus, leurs cheveux sont d'une rare beauté, mais d'une longueur quelque peu extravagante, et ils savent en tirer parti en les nattant avec art autour de leur tête, qu'ils rasent à moitié seulement. Les femmes seules ne se rasent pas la tête; elles se bornent à couper leurs cheveux très-ras sur le devant et quelquefois jusqu'au milieu de la tête.

Ces marchands sont généralement très-pauvres; leur barque leur sert d'abri et d'habitation. Que dis-je? ils naissent, vivent et meurent sur cette barque, sans autre préoccupation que celle de demeurer en paix le plus longtemps possible.

Dans cette maison flottante, chaque endroit a sa destination particulière. L'arrière (côté du gouvernail) est occupé par le fourneau destiné à la cuisson des aliments, et par des casiers où sont placés les ustensiles de cuisine et les différents objets servant au ménage; l'avant a aussi sa destination. Abrités par une tente en osier ou en toile qui les protége contre la chaleur du jour et la fraîcheur des nuits, les Chinois s'y reposent et s'y couchent, sans penser une seule fois à la fragilité de leur maison ou à l'inconstance des eaux qui la portent.

Il n'est pas rare de voir de jeunes enfants, sans distinction de sexe, possesseurs d'une barque qu'ils gouvernent à volonté, et dont l'adresse à manier la rame est vraiment peu commune.

J'ai assisté tantôt, de l'arrière de notre bâtiment, au repas d'une famille chinoise. Voici mes observations à ce sujet :

Les naturels ne se servent ni de fourchettes ni de cuillers pour manger. Bien qu'ils connaissent ici ces deux instruments, qui pour nous sont d'une indispensable nécessité, ils n'ont, eux, que deux petits bâtons de la grosseur d'un porte-plume, et dont ils se servent admirablement. Pour prendre avec plus de facilité leurs divers aliments, ils approchent de la bouche le bol et les bâtons, et, à l'aide de ce bizarre instrument, ils retirent le contenu du bol et le font glisser dans leur bouche avec vélocité.

Un dernier mot sur les habitants :

Avant d'entrer dans cette partie de la Chine, je pensais voir les Chinois tels qu'ils sont représentés sur nos gravures des boulevards, ou bien encore chez le chocolatier de la rue Vivienne. Or, je reconnais que toutes ces gravures ne sont que des caricatures menteuses destinées à donner une fausse idée du type chinois. Il est possible que dans l'intérieur du pays, ils soient plus laids que ceux de Hong-Kong. Je verrai ; mais, en tout cas, je crois que le véritable Chinois existe bien plus à l'état moral qu'à l'état physique. Il existe des Chinois dans tous les pays, cela est chose certaine ; et quand je vois un artiste de ce pays contrefaire à son tour la tournure burlesque d'un héros quelconque de Paris, je me dis encore en répétant la devise : *Honni soit qui mal y pense ;* le plus Chinois des deux n'est pas toujours celui qu'on suppose.

J'ai oublié dans mes précédentes lettres de vous entretenir de l'apparition d'un nouveau journal politique et littéraire, probablement inconnu en France ; je veux parler de l'*Echo de la Dryade* dont votre très-humble serviteur est le rédacteur en chef et gérant responsable. Ce journal paraît tous les dimanches matin sur le grand mât du bâtiment, au milieu des bravos enthousiastes de tous mes compagnons.

Je me suis attaché comme collaborateurs quelques jeunes gens de la bonne école, et, grâce à leur concours dévoué, je parviens à intéresser mes lecteurs.

Les nouvelles que je leur sers ne sont pas toujours précisément fraîches; mais les matières traitées étant de leur goût, j'ai la satisfaction de jouir d'un véritable succès.

Ajoutons, à la louange du gouvernement de la *Dryade*, que l'administration n'a jamais pensé à nous enlever la liberté de la presse, et que tout ici va pour le mieux dans le meilleur des mondes. A la prochaine occasion, je vous enverrai un exemplaire de mon journal : Puisse-t-il vous parvenir!

Je suis parfaitement accoutumé à ma nouvelle vie. Nous possédons à bord une école de chant (je fais la partie de premier ténor). Cette école de chant nous vaut une double ration de vin tous les dimanches. Nous avons en outre la ressource des jeux de cartes, de dominos, de dames..., et de loto... les parties de loto de la *Dryade*, jamais je ne les oublierai, celles-là!

Ensuite je travaille, j'observe, je lis, j'écris. Bref, je n'oublie qu'une chose, c'est de m'ennuyer.

Tu me demandes, ma chère mère, si les nuits sont plus claires sur mer que sur terre. Pour te répondre, je m'en vais te transcrire quelques lignes de mes impressions de voyage :

... « Et puis un spectacle bien autrement digne d'attention, car il est l'œuvre de Dieu, c'est le spectacle du soir; c'est de voir la lune sortir du sein des eaux et prendre sa course vers le firmament étoilé; c'est de voir le matin se lever l'aurore; c'est de voir, enfin, le soleil s'acheminer doucement en roulant vers les cieux et éclairer l'univers de ses splendides rayons.

« Je n'ai, il est vrai, ni gazouillement d'oiseaux, ni chuchotement de feuilles pour compléter mes illusions; mais, en revanche, j'ai l'éternel murmure des vagues qui parlent à mon âme et lui font entendre les grandes voix de l'infini. »

Tu me demandes encore, ma bonne mère, si j'ai bon appétit, si je dors bien... Quand il s'agit de manger, je suis de force à rendre des points à la louve du Dante. Maintenant, une fois que je suis endormi, j'ai toutes les peines du monde à me réveiller, à ce point que j'oublie souvent de répondre aux appels de nuit, quand nous sommes de *quart*. Je crois que nous attendrons l'arrivée de toutes les troupes expéditionnaires pour commencer les opérations militaires. Pour mon compte, j'aspire après le jour du combat; car, n'ayant pas encore reçu le baptême du feu, j'ai hâte de connaître les émotions qu'il vous fait éprouver.

Nous partons demain pour Chang-Haï.

Adieu, je termine cette lettre par la formule officielle :

L'état sanitaire et le moral des troupes sont excellents. Tout va bien, et cela, en dépit des nombreuses tempêtes que nous avons essuyées depuis notre départ du Cap.

A bientôt.

Nous empruntons au *Moniteur* la correspondance suivante, qui complète les renseignements donnés par la lettre du 30 avril :

Hong-Kong, le 19 mai 1860.

L'effectif complet de l'expédition française est maintenant en Chine, le dernier vaisseau est arrivé hier 18 dans le port de Hong-Kong. La plus grande partie des troupes françaises a fait voile vers le nord pour Tché-Fou, ville de la côte méridionale du golfe de Petcheli, à 50 milles de l'extrémité orientale du promontoire de Shan-Tung. Tché-Fou est dans une position très-avantageuse; la mer y est profonde jusqu'au rivage, le climat bon, l'ancrage excellent, et la province de Shang-Tung, dans laquelle cette ville est située, produit des chevaux et des mulets, et l'eau y est bonne.

Le rendez-vous de la flotte anglaise est la baie de Talien-Hwan, à l'est du promontoire Laotre-Shan (dans le royaume de Corée) dans le golfe de Petcheli, vis-à-vis de Tché-Fou, à l'entrée du détroit de Mia-Tao qui conduit dans le golfe. La baie de Talien-Hwan est à 80 milles environ de Tché-Fou, au nord de cette ville. Lorsque tout sera prêt, les deux flottes partiront de ces deux points pour débarquer sur la côte de Chine, dans le voisinage des forts de Takou. Tel est du moins ce qui transpire des dispositions tenues naturellement secrètes et au sujet desquelles je ne puis vous donner des renseignements authentiques.

De grands efforts ont été faits dans la dernière quinzaine et tous les préparatifs s'avancent rapidement. Une flottille anglaise de transports a quitté le port hier dans l'après-midi et prendra la mer aujourd'hui. Les transports sont remorqués par des navires de guerre à vapeur, ils se rendront au rendez-vous à la voile. La cavalerie anglaise s'embarquera la dernière et sera transportée par des vaisseaux à vapeur. On suppose que le commandant en chef et l'amiral anglais quitteront Hong-Kong aussitôt après l'arrivée de la malle anglaise.

CINQUIÈME LETTRE

Woo-Sung. — Alerte. — Les rebelles. — Les sociétés secrètes en Chine. — Caractère de l'insurrection.

Woo-Sung, le 29 mai.

J'entre de suite en matière :

Woo-Sung est un misérable village qui ne mérite pas la peine d'être décrit, bien que son port soit le point choisi par les Anglais et les Américains pour la station d'opium qui doit approvisionner Chang-Haï.

Nous ne sommes plus qu'à 25 milles de Chang-Haï, mais j'ignore si nous nous y arrêterons. Je crois plutôt que nous irons directement à Tché-Fou, dont la position avantageuse nous a été signalée. En attendant, nous ne cessons de crier : En avant ! En avant !

Il y a quatre jours, à six heures du soir, un ordre du général est arrivé pour nous dire de descendre aussitôt à terre, afin d'être en mesure de repousser les rebelles (ou insurgés) qui parcouraient le pays, laissant partout derrière eux le pillage et la désolation.

Voici, à propos des rebelles et de leurs sociétés secrètes, quelques curieux détails dont je suis à même de vous garantir la parfaite exactitude (1).

La ville de Canton qui, pendant plus de de deux cents ans, a été l'unique siége du commerce étranger, semble être le foyer des mauvaises doctrines apportées, en partie par les matelots, qui sont très-souvent le rebut des populations européennes, ou par les Chinois, qui, malgré les lois sévères contre l'émigration, vont chercher aux colonies anglaises, espagnoles ou hollandaises, des moyens de subsistance, et qui rentrent dans leur pays, imbus du principe d'égalité mal entendue et d'idées démagogiques et socialistes. C'est parmi ces parias de la civilisation, c'est à l'aide des affamés, que certaines provinces trop populeuses ne peuvent nourrir, c'est parmi ces demi-savants déclassés que l'émeute et les sociétés secrètes recrutent leurs soldats et leurs chefs.

Les sociétés secrètes forment en Chine des corporations redoutables et nombreuses. Les principales sont celles du Lys blanc, du Nénuphar rouge, de la Triade (le ciel, la terre et l'homme), de la Rénovation, de la Distinction originelle, de la Raison céleste, du Rouge sublime (le rouge étant en Chine la couleur de

(1) Voir *la Chine depuis le traité de Nankin* publié par la typographie Panckoucke.

joie et de bonheur), du Thé pur et du Nuage blanc. Les trois provinces méridionales le Kouango-Tong, le Kouango-Si, le Fo-Kien, Hong-Kong et même Manille, Singapour et Batavia, en sont couvertes. Leurs doctrines n'ont rien à envier à celles de l'Europe communiste, ce qui n'empêche pas l'insurrection d'être extrêmement grave, puisqu'elle met en question, non-seulement l'existence de la dynastie régnante, mais peut-être même celle du Céleste-Empire.

Le caractère de l'insurrection est, avant tout, cantonais ; c'est une raison pour que les Fokiennois y soient opposés, car, entre ces deux races distinctes, il existe une haine invétérée.

Les insurgés restent donc seuls au milieu des populations qu'ils aigrissent constamment par des meurtres, des incendies et des exactions de toute espèce, malgré toutes les proclamations des chefs, soi-disant rois de paix et princes de mansuétude.

La position des rebelles empirera encore s'ils arrivent à se trouver en contact avec les populations des pays situés au nord du Grand-Fleuve, c'est-à-dire du Ho-Nann, du Chann-Tong et des deux Si ; ces peuples, comparativement pauvres, mais courageux, ne subiront jamais la tyrannie des Cantonnais et des Miao-Tsé, dont les deux patois leur sont complétement inintelligibles.

Cependant, je le répète, les rebelles étant très-nombreux, ils ont quelque chance de réussite. Qu'arrivera-t-il alors ? L'insurrection, telle qu'elle est aujourd'hui, avec ses éléments prédominants, tous deux aussi anti-chinois, qu'opposés aux Tartares, et surtout anti-européens, ne saurait constituer un gouvernement sérieux. Ce pays serait, durant de longues années, le théâtre d'horreurs et de manœuvres, dont son histoire nous fournit des exemples effrayants. Mais il n'est pas douteux que, du milieu de ces luttes sanglantes, de province à province, il surgirait à la fin quelque homme supérieur qui saurait réunir les éléments épars d'ordre et de force, et fonderait une nouvelle dynastie.

Quant au christianisme, il sera le premier en butte aux haines des deux partis. Si l'empereur est vainqueur, il ne voudra voir aucune différence entre les sectes, et, dans son opinion, le christianisme en est une des plus dangereuses, puisqu'elle apprend au peuple à ne pas regarder l'Empereur de la Chine, comme le fils du ciel, c'est-à-dire un demi-Dieu. Si ce sont les insurgés qui triomphent, on ne peut oublier la vive opposition que les *lettrés*, et eux seuls, ont faite de tout temps au christianisme. »

Pauvre Mant-chou! je te vois déjà retiré dans le Leao-Tong ou sur les bords de l'Amour!

Adieu! je vous donnerai de mes nouvelles aussitôt mon arrivée à Tchéfou.

P. S. — J'oublie toujours de vous dire que nous sommes 1,000 hommes à bord de la *Dryade*, sans compter les 206 hommes d'équipages.

Le couchage du soldat consiste en un bon hamac, dans lequel est un matelas, semblable à ceux des casernes. Le bâtiment n'étant pas assez vaste pour contenir un nombre de hamacs suffisant, les hommes ont, de plus, une couchette pour deux, dans laquelle ils passent cinq heures chacun; pendant que la moitié se repose dans les hamacs, l'autre moitié se promène sur le pont, ou se niche sur le plancher de la batterie haute.

De Toulon au cap, il est mort trois hommes : deux militaires et un marin.

SIXIÈME LETTRE

La ville de Tché-Fou. — Yantaï. — Le soldat au camp. — Visite du général Grant. — Préparatifs de départ pour Peï-Ho.

Yantaï, le 8 juillet.

Avant de vous parler du camp de Yantaï, je tiens à vous dire quelques mots sur Tchéfou.

Des maisons bâties sans le moindre goût et sans aucune proportion font de Tché-fou le plus vilain pays qu'il soit possible de se figurer.

Les magasins, les boutiques, les étalages et les mille fantaisies que nous sommes habitués à voir en Europe; tout cela est complétement inconnu ici.

Je suis entré dans plusieurs maisons, et je n'y ai vu que le sol brut, légèrement battu en guise de carrelage ou de parquet. Quant aux rues, elles sont sales, tortueuses et entièrement dépourvues de pavés. J'en excepte cependant quelques-unes qui sont pavées, il est vrai, mais si mal, que nous sommes obligés de surveiller notre marche, si nous ne voulons pas nous heurter les pieds contre les pierres irrégulières, qui dépassent le niveau des autres pavés.

Les Chinois de Tché-fou, sont généralement fumeurs. Vous n'en rencontrez pas un seul qui n'ait sa pipe à la main, son briquet et sa poche à tabac suspendus à sa ceinture. L'enfant tout aussi bien que le vieillard, le plus pauvre comme le plus riche, tous, sans exception, portent avec eux ces objets qui semblent être le soutien inséparable de leur existence.

La pipe en terre n'existe pas en Chine, ou du moins à Tché-fou. Elle est remplacée par un fourneau en métal, auquel on adapte un long tuyau en bois.

A l'égard de l'opium, il ne s'en fait ici qu'un usage très-modéré.

Je voudrais bien pouvoir vous parler des femmes du pays ; malheureusement, cela m'est impossible, n'ayant pas encore eu l'avantage de voir aucune de ces dames, et cependant, je vous le jure, je donnerais volontier une enfilade de sapèques, uniquement pour contempler le gracieux petit pied de l'une d'elles, en tout bien tout honneur, — je n'ai pas besoin de vous le dire.

A propos, je tiens à vous faire une recommandation qui va bien vous surprendre : ne m'envoyez jamais d'argent, car ici l'incommodité de la monnaie chinoise est telle, que l'argent ne sert à rien, ou à peu de chose près.

Au reste, nous ne voyons guère, tous tant que nous sommes, que des sapèques de la grosseur d'un demi-sou, percées par le milieu afin de faciliter leur transport, transport est le mot, puisque pour faire cinq francs de notre monnaie, il en faut de huit cents à huit cent cinquante.

Il est curieux de voir les Chinois, et maintenant nous autres aussi, revenir du marché avec des rouleaux de sapèques sur l'épaule, enfilées les unes après les autres, comme les perles d'un collier.

Sur ce, je vous conduis à Yantaï.

Nous sommes campés sur une hauteur qui domine la ville et les environs. D'un côté, nos regards peuvent percer un horizon sans bornes, tandis que du côté opposé, ils ne peuvent s'étendre au delà des hautes montagnes qui avoisinent notre camp. Mais, en résumé, nous sommes placés dans d'excellentes conditions, au point de vue hygiénique.

Le climat ici est assez sain, bien que les brusques variations d'une température très-capricieuse soient le motif de précautions minutieuses pour notre santé, et la cause, tantôt de fortes chaleurs, tantôt de froids excessifs et d'humides brouillards. Néanmoins, nous n'en souffrons pas trop et il n'y a pas de malades. — Pourquoi? Parce que, très-souvent un air vif, frais et pur souffle dans le pays et modère les intempéries de la saison.

Deux mots maintenant sur la discipline militaire :

A cinq heures et demie du matin, le réveil, et à huit heures et demie, l'appel aux armes. A neuf heures (du matin), on bat la retraite, tout le monde rentre sous la tente et reste couché jusques à trois heures de l'après-midi. A cette heure, le réveil se fait encore; on bat la diane, et cinq minutes après se fait un nouvel appel en petite tenue (blouse, pantalon de toile, etc.). Le soir, à huit heures, on fait de nouveau un appel, et une demi-heure plus tard, une fois la retraite sonnée, chacun s'en va retrouver Morphée. Quant au service que nous avons à faire, il est assez pénible, sans trop l'être pourtant.

Nous sommes très-bien sous le rapport de la nourriture : nous avons à volonté poules, poulets, oies, dindons, pigeons, etc. J'ai au camp, aux abords de ma tente, toute une ménagerie de volatiles, lesquels, par parenthèse, ne laissent pas parfois que de m'étourdir un peu avec leurs cris discordants et leurs chants cacophoniques. Si ce barbarisme ne trouve pas grâce devant l'Académie française, je l'enverrai à la société des gens de lettres de Pékin avec ces vers de Voltaire

Non, il n'est rien que Nanine n'honore
Qu'en pensez-vous ?

Notre lit est celui que le bon Dieu donne à tout le monde : la terre et rien de plus, mais rien de moins.

Nos tentes-abris nous garantissent de la pluie, notre havre-sac nous sert de traversin. Nous avons en outre deux nattes pour nous garantir de la fraîcheur de la terre et chacun une couverture pour mettre sur nous. Inutile de vous dire que nous couchons tout habillés et que nous dormons parfaitement bien.

Nous nous embarquons dans quatorze jours à bord de la *Dryade* pour nous rendre au Peï-Ho (deux jours environ de traversée). — Nous nous attendons donc à *donner* aussitôt notre arrivée là-bas, et nous nous en réjouissons également tous, certains que nous sommes de remporter la victoire, aux cris de : *Vive la France !*

Il pourrait bien se faire, mes bons amis, qu'une fois les affaires du Peï-Ho terminées, nous allions faire un tour dans la Cochinchine pour débrouiller une histoire de vieille date avec messieurs les Annamites (lisez : coquins de Chinois — ou Cochinchinois) ceci est un bruit qui court.

J'ai suspendu la publication de l'*Echo de la Dryade*, mais j'espère la reprendre un jour ou l'autre.

On m'assure que Garibaldi est en Sicile à la tête de ses partisans. Est-ce vrai ? — A une autre fois.

P. S. Vous me parlez, mes bons amis, du rigoureux hiver qu'il a fait en France. Franchement, j'en suis étonné.

Pendant notre longue traversée, nous n'avons souffert que d'une chose, de l'excessive chaleur. Je me souviendrai toujours de Singapore, où je fis cuire des œufs au soleil sur les bastingages du navire. Je n'oublierai jamais non plus notre passage sous les tropiques; quelle chaleur, mon Dieu! Quand j'y pense, j'en suis encore tout en sueur. Autre souvenir : en passant au pic de Ténériffe nous apercevions très-distinctement la neige sur les montagnes, et pourtant le soleil dardait avec une force extraordinaire. Enfin, dans la mer Méditerranée, dans le détroit de Gibraltar, dans le grand Océan, dans la mer des Indes, dans la mer de Java, dans la mer Jaune; bref, partout où nous sommes passés, nous avons eu excessivement chaud, même pendant les tempêtes.

Pour la première fois de ma vie, je n'ai point vu d'hiver.

A l'appui de cette lettre, nous citons deux correspondances, extraites, l'une du *Daily-News*, et l'autre du *Moniteur* :

C'est le 2 juillet que le général de Montauban a quitté Chang-Haï pour aller dans le golfe de Pé-Tché-Li, s'établir sur la petite presqu'île de Tché-Fou, dont l'occupation par les troupes françaises avait été décidée de concert avec les généraux et amiraux alliés.

A une journée de navigation, la flotte française a rencontré à la hauteur des îles Sadlé (embouchure du

Yang-Tze-Kiang) *le Wéser*, qui, parti de Toulon le 25 mars, était arrivé à Hong-Kong le 25 juin. *Le Calvados*, *l'Entreprenante*, chargés de chevaux venant du Japon, arrivaient aussi dans ces mers après une heureuse traversée; enfin *le Duperré*, apportant les détachements de chasseurs d'Afrique et de spahis, est venu compléter les forces de notre expédition.

Le camp français de Tché-Fou, occupe une pointe de terre de 600 mètres environ de longueur sur 300 mètres de largeur. On trouve de l'eau douce en abondance et tout ce qui est nécessaire à la bonne installation des troupes, le climat du pays est, en ce moment, dans les meilleures conditions de salubrité, la température actuelle est celle de la France au printemps et la campagne est magnifique. Elle n'a pas la monotonie de Chang-Haï où l'œil n'est arrêté par aucun accident de terrain. Aussi riche en cultures variées que Chang-Haï, Tché-Fou possède des montagnes couvertes de bois; la plaine s'y développe comme un vaste tapis de verdure qui s'arrête à la mer bordée d'îles avec de petits ports pour les bateaux pêcheurs. Pendant l'hiver, le froid y règne avec une vivacité dont on ne peut se faire une idée par les moyens qu'emploient les habitants pour le combattre, mais quand la belle saison sera terminée, les forces alliées auront franchi bien du terrain, et le gouvernement chinois aura probablement fait les frais de leurs quartiers d'hiver.

Si l'on pénètre à quelques lieues dans ce pays si favorisé, on y trouve des villages d'une propreté ravissante, les maisons sont construites dans le genre de ce que nous appelons en France murs cyclopéens, comme sont ceux des chemins de fer ; nous avons sans doute eu la vanité, en Europe, de croire que nous avions inventé ce système de construction que les Chinois pratiquent depuis 50 ou 60 siècles. Aucun villageois n'est armé ; tous nous accueillent avec cordialité ; les pauvres viennent manger à la gamelle que leur laissent nos soldats ; ce n'est assurément pas notre petite armée française qui fera redouter aux Chinois les rapports et le caractère européens.

La ville près de laquelle campent les troupes françaises s'appelle Yen-Taï, sa population est de 10 à 12,000 âmes ; près de là se trouve la petite ville de Ki-Sen-Soo, entourée d'une muraille en terre avec des portes en pierres de taille ; elle est peu habitée en ce moment, mais chaque jour les habitants reviennent ; toutes les relations du camp français ont lieu avec Yen-Taï et avec toutes les localités du voisinage, jusqu'à la ville de Teng-Tchou-Fu, chef-lieu de cette partie de la province du Chang-Tong. Teng-Tchou-Fu est, dit-on, une ville de premier ordre et qui fait un commerce considérable. Elle est à 8 lieues de Tché-Fou, et déjà quelques-uns de ses habitants, attirés par une confiante curiosité, sont venus jusqu'au camp français.

Nos troupes ont les meilleures relations avec les

habitants, et, tous les jours, de 5 heures du matin à 4 heures du soir, il existe à Tché-fou un marché abondant pourvu de poules, œufs, porc frais, légumes verts, etc., etc. — Les marchands s'entendent parfaitement avec nos soldats, bien que de part et d'autre l'ignorance de la langue soit une difficulté sérieuse; mais tout se fait par signes, et l'intelligence du soldat français, à laquelle n'est pas inférieure celle du marchand chinois, supplée à ce que la parole ne peut pas exprimer. Tout est à très-bon marché; il faut que les habitants possèdent des ressources incroyables pour pouvoir apporter au marché de telles quantités de volailles de toute espèce. Les soldats de l'Empereur ont dépassé le vœu du bon Henri; la poule au pot est pour eux le régime de chaque jour. Le poisson est également fort abondant.

La bonne nourriture de nos troupes, assurée d'ailleurs par l'active vigilance de l'administration militaire, contribue puissamment à soutenir l'état sanitaire; la situation de l'hôpital ne donnait au 8 juillet qu'un chiffre de 64 malades, soit environ 1 pour cent de l'effectif.

Tout est payé comptant aux habitants, aussi la confiance de nos troupes est-elle parfaite, et l'administration a pu traiter facilement pour toutes les denrées nécessaires à l'alimentation des hommes et des chevaux. Dans toute la ville de Yen-Taï, les marchands chinois se sont fait faire des écriteaux français pour indiquer leur genre de commerce; l'une de ces enseignes porte : *Change de monnaies.*

La police la plus sévère est exercée sur le marché de Tché-fou ; quatre sergents des divers corps sont désignés chaque jour pour veiller au maintien de l'ordre ; le commandement de la place est confié à un chef de bataillon qui reçoit toutes les réclamations des notables et du tao-taï, sorte de maire, ou petit mandarin à bouton jaune de cuivre.

On trouve dans ce pays des mulets de la plus belle espèce, les habitants en ont amené dès le premier jour une cinquantaine ayant une taille que ne renierait pas le Poitou. Le général en chef en attendait beaucoup plus, grand nombre étant destinés au transport des batteries de montagne ; on ne les paye que 250 fr.

Le 11 juillet 1860, le général de Montauban a reçu à Tche-Fu M. le général Grant, commandant en chef l'armée anglaise en Chine, venu de Ta-Kien-Hwant, pour conférer sur les intérêts communs aux forces alliées. Les honneurs militaires dus à sa haute position ont été rendus à Son Excellence par les troupes françaises, et, après avoir dîné avec tout son état-major chez le général de Montauban, elle a visité le camp. Les musiques militaires saluaient le commandant des troupes de S. M. la Reine de la Grande-Bretagne, en jouant l'air national *God save the queen*, lorsqu'il passait devant un régiment. L'artillerie, attelée de chevaux japonais a manœuvré devant S. Exc. ; ces chevaux, arrivés depuis 5 jours seulement, ont exécuté tous les mouvements avec une précision parfaite. Le général Grant a examiné avec intérêt un pont de 80 mètres, à la Birago, construit par nos pontonniers et sur lesquels nos batteries peuvent passer ; il a été très-satisfait de tout ce qu'il a vu et l'a témoigné avec cette bonne grâce et cette franche cordialité qui sont dans les habitudes de la vie militaire.

Avant son embarquement, le général Grant a fait promettre au général de Montauban de venir visiter son quartier général et le camp anglais ; une salve de 11 coups de canon a salué le départ du commandant en chef des troupes britanniques.

Notre marine et nos troupes de terre, dont l'irrésistible entrain sera doublé par le constant accord des généraux qui les commandent, se préparaient, à cette époque, à une action décisive, et pendant qu'en Europe on parle tant de rivalités jalouses, Anglais et Français allaient lutter de bravoure et d'ardeur pour la cause commune, pour la cause de la justice, du commerce et de la civilisation.

Pour combler une lacune qui existe dans nos lettres, nous mettons sous les yeux du lecteur la correspondance suivante adressée à l'*Opinion nationale :*

Tché-fou, 20 juillet.

C'est décidément le 23 que nous nous embarquons pour aller attaquer les redoutables forts de Peï Ho, ou mieux les forts de Takou, puisque c'est ainsi qu'on les nomme. Au lieu de les attaquer de front, il est probable que nous les tournerons. Nous pourrons mettre en ligne au moins 4,000 hommes, et si les Anglais en mettent 10,000, comme on l'assure, ce sera une force assez respectable.

Il paraît toutefois que les Chinois ont fait depuis l'année dernière des travaux gigantesques; on pense qu'ils ont été dirigés dans ces travaux par le général russe Ignatieff, qui réside actuellement à Pékin, comme ambassadeur de Russie.

Pendant l'hiver, les Tartares se sont exercés à tirer le canon au moyen de hausses, qu'ils ne connaissaient pas jusque-là, et dont messieurs les Russes leur ont appris à faire usage, sans remarquer qu'ils donnaient par là des verges pour se faire fouetter eux-mêmes. A présent, les artilleurs tartares tirent très-bien. Ils ont adopté également, toujours d'après les conseils des Russes, les tabliers d'embrasures, sortes de paravents qui s'abaissent sur la pièce de canon, bouchent presque entièrement l'embrasure et mettent le pointeur à l'abri des coups de l'ennemi. Les Russes employaient beaucoup ce système en Crimée.

Mais malgré les avantages que paraissent avoir sur

nous les défenseurs du Céleste Empire, — avantages de la position, du nombre, de la connaissance du pays et du fleuve, — je reste convaincu qu'ils recevront un juste châtiment, fussent-ils dix fois plus nombreux encore.

Nous avons, nous, des hommes d'un courage éprouvé, d'un moral indomptable, presque tous anciens soldats d'Afrique, de Crimée ou d'Italie, et de plus tous volontaires pour cette expédition de Chine. Nos canons rayés, qui peuvent porter à une lieue kilométrique (4 kilomètres), vont faire merveille ; nos fusées de guerre vont effrayer la cavalerie tartare ; nos chaloupes canonnières, qui sont à l'épreuve du boulet, nous aideront puissamment à battre en brèche les redoutables forts de Takou ; l'artillerie de marine nous sera aussi d'un très-grand secours. Nous avons dans la rade de Tché-fou près de 40 navires français de toute nature, frégates, transports à vapeur, bateaux, etc. Une centaine de jonques chinoises ont été capturées pour servir à notre débarquement. Divers systèmes de ponts sont préparés pour éviter, autant que possible, les marécages. Enfin nous avons, je crois, tous les éléments nécessaires pour réussir, et le courage individuel ne faillira pas. Dans quinze jours, si l'on veut, nous serons à Tien-Tsin, et quinze jours après à Pékin.

Vous avez appris le naufrage de la *Reine-des-Clippers*. J'ai eu des détails de ce désastre par un témoin oculaire. Le feu a pris à midi, le 3 juin, à une tonne d'eau-de-vie de distribution. Avant qu'on ait pu l'éteindre, la tonne éclatait et le liquide enflammé coulait de tous côtés, atteignait la batterie basse et de là gagnait la soute au charbon.

Pour comble de malheur, le navire portait en ce moment 1,800 tonneaux de charbon. Il devint dès lors impossible d'arrêter l'incendie sans faire couler le navire.

Heureusement, on n'était pas loin de la côte, et l'on avait un pilote chinois à bord. On lui fit comprendre tant bien que mal qu'il fallait se jeter à la côte et faire échouer le navire en évitant de le briser contre les rochers. Cet homme opéra avec adresse : il échoua le bâtiment sur une passe sablonneuse, près de Macao. Les passagers et l'équipage eurent tout juste le temps de descendre avec ce qu'ils avaient sur le dos ; le reste fut perdu.

C'est fâcheux, car cet immense bâtiment portait le campement de l'armée expéditionnaire, l'habillement d'hiver, les médicaments, les instruments de chirurgie, etc. ; c'est une perte qui n'est pas irréparable.

22 juillet.

Nous embarquons définitivement le 24 au matin ; nous partons le 26 ou le 27 et nous descendrons vers le 30 sur les rives de Peï-Ho.

SEPTIÈME LETTRE

Peh-Tang. — Affaire de Peï-Ho. — Le baptême de feu. Réflexions philosophiques d'un jeune soldat. — Opinion du général Collineau sur les Tartares. — L'armée chinoise passée en revue par un troubade français.

Peh-Tang, le 5 août.

Je ne sais quand vous parviendra cette lettre, mais à tout hasard je vous l'adresse.

Enfin ! j'ai pris part à un combat, j'ai entendu les balles siffler à mes oreilles ; je suis content de moi !

Je n'entreprendrai point la tâche difficile de vous détailler nos opérations stratégiques; mais je vous avouerai ceci en toute sincérité, c'est que la guerre, tant belle soit-elle rendue par les divers incidents qu'elle fait naître, les beaux faits d'armes qu'elle enfante, le prestige dont elle nous éblouit et l'élan dont elle nous gratifie, n'est au fond que la chose la plus barbare et la plus incompréhensible qu'il soit possible de s'imaginer.

Cette réflexion, placée sous la plume d'un soldat, vous étonnera peut-être; mais, que voulez-vous? je ne sais pas mentir.

A quelque point de vue qu'on se place, la guerre engendre toujours des plaintes, des regrets et des larmes. Pourquoi donc alors passer son temps à s'entre-tuer?... Trêve de digression.

C'est ma compagnie et celle des grenadiers du premier bataillon du 102e, qui ont eu l'honneur de commencer le feu en Chine, et cela avant-hier 3 août, dans les plaines de Peï-Ho. — C'est là, mes bons amis, que j'ai reçu le baptême du feu. Ce n'était qu'une simple reconnaissance, il est vrai, mais dans laquelle, cependant, j'ai bien failli être tué. *Voici comme quoi:* Je m'étais mis à genoux pour tirer et aussi pour me garantir des balles qui pleuvaient autour de moi. Je dis à un camarade qui était agenouillé à côté de moi : « Ah ! m.... ! (le mot attribué à Cambronne), si nous allions rejoindre les autres qui sont là-bas derrière cette butte? »... Aussitôt dit, aussitôt fait ; je me lève, et à peine étais-je debout, que deux balles viennent s'enfoncer près de moi et à l'endroit même où avait reposé mon genou gauche. La terre me sauta à la figure, je me baissai et je ramassai les deux balles, que je mis dans ma poche, pour vous les montrer à mon retour en France, si Dieu toutefois m'accorde le bonheur de la revoir.

L'ennemi, beaucoup plus nombreux que nous, occupait une ligne immense. Nous l'avons repoussé jusque dans ses derniers retranchements.

Selon le dire du général Collineau, les Tartares paraissent moins soldats que les Chinois.

Je ne vous donne pas d'autres détails sur cette affaire-là, ni sur la prise des forts de Peh-Tang. Les journaux vous renseigneront à ce sujet beaucoup mieux que je ne saurais le faire ici. Mais je tiens à vous donner une idée de la contenance des Chinois devant leur ennemi.

Et, d'abord, il est bon que vous sachiez que le Chinois est un être fort grotesque, et, par conséquent, fort intéressant à décrire. — Le signe distinctif de sa profession consiste en deux ronds de toile blanche, cousus sur sa jaquette, par devant et par derrière, et portant le caractère *yong*, peint en noir et signifiant *brave*, amère dérision ! Rien de plus misérable que l'équipement militaire, qui se compose uniquement d'un fusil à mèche, rouillé, et, très-souvent, d'une mauvaise pique et d'un sabre hors d'usage. Par Confucius, un instant, j'ai été tenté de prendre l'armée chinoise pour une réunion d'antiquaires ! Aussi le soldat ne se bat-il que pour l'acquit de sa conscience.

Le canon n'est guère dangereux que pour ceux qui s'en servent ; la poudre impériale brûle, mais n'éclate pas, ou du moins n'éclate pas comme la nôtre, car elle contient cinq fois plus de charbon qu'il ne faudrait.

Quant à l'officier, il fait semblant de se battre.

Et comment voulez-vous qu'il en soit autrement ?

En Chine, le grade d'officier équivaut à une sinécure, dont le titulaire vole sans pitié, de concert avec les autorités civiles, les huit dixièmes des fonds destinés à l'entretien de l'armée et du matériel de guerre.

Est-ce à dire que je conteste toute espèce de courage personnel ou individuel au Chinois? Non; mais, dussé-je m'attirer le courroux des PP. de la compagnie de Jesus, qui ont prétendu le contraire, je lui refuse tout esprit militaire.

Je termine mes réflexions par une citation que vous trouvez consignée dans un livre, intitulé: *La Chine depuis le traité de Nankin.* « Quant aux murs des villes fortifiées et des citadelles, ils tombent partout en ruines. Au reste, les simples soldats des deux partis (impériaux et rebelles), sont généralement les meilleurs amis du monde, et, s'il y a du sang répandu parmi les *mandarins* des deux camps, cela tient à la jalousie du métier; car, partout où les uns ont passé, les autres ne trouvent plus rien à piller. »

Quand vous écrirai-je maintenant? Je n'en sais rien. En tout cas, soyez sans inquiétude: — s'il m'arrive malheur vous le saurez toujours assez tôt.

Adieu.

Rapport inséré au Moniteur *sur les affaires de Peh-Tang et du Peï-Ho.*

« Les opérations des forces alliées dans les eaux du Peï-Ho ont pris un caractère qui éveille vivement l'attention publique ; les détails apportés par le dernier courrier sont recherchés avec empressement ; il paraît utile de les préciser.

« L'embarquement de toutes les troupes françaises a eu lieu le 26 juillet à Che-Fu ; elles sont arrivées le 28, après une heureuse traversée, dans le golfe, à 12 milles environ de la passe du Peh-Tang.

« Une reconnaissance, composée d'officiers de la marine et de l'armée de terre a été envoyée par le général de Montauban dans la rivière du Peh-Tang fort peu connue ; partie dans la nuit, elle a pu remonter à trois milles dans la rivière sans rencontrer autre chose que des pêcheries.

« Arrivés à cette distance, les officiers ont cherché à aborder la rive droite du Peh-Tang ; mais ils ont rencontré de grandes difficultés.

« Après avoir marché environ 200 mètres dans l'eau, sur un fond de glaise, on trouve, à marée basse, une couche vaseuse dans laquelle un homme peut marcher, en enfonçant jusqu'à la cheville ; cette couche s'étend sur une largeur de 300 mètres jusqu'à la terre ferme. La passe de Peh-Tang, à marée haute, est de dix pieds ; les canonnières seules pouvaient la franchir.

« La mer étant devenue mauvaise, les troupes ont dû rester à bord jusqu'au 1er août. Ce jour-là, le temps a paru assez calme pour que les bâtiments légers à vapeur, ayant un tirant d'eau de moins de 9 pieds, pussent remorquer les chaloupes, canots et jonques portant, en troupes françaises, 2,000 hommes, une batterie de quatre, la batterie de montagne, une section du génie, une section d'ambulance et 200 coulies. Il avait été convenu entre les commandants des forces alliées que les Anglais amèneraient le même effectif, moins l'artillerie.

« A midi et demi, heure de la plus haute marée, la barre a été franchie; la flottille s'étant avancée jusqu'au point où la reconnaissance avait eu lieu, a reçu l'ordre de mouiller, la marée couvrait encore les rives du Peh-Tang à une grande distance; on voyait parfaitement les forts de la rive droite et de la rive gauche ainsi que plusieurs villages considérables d'une assez pauvre apparence. Au milieu de ces villages, on distinguait celui de Peh-Tang-Tcheu, qui communique avec le Peï-Ho au moyen d'une chaussée de 6 à 7 mètres de largeur,

« Il importait de surprendre les forts par une action vigoureuse, et d'empêcher surtout que les Chinois ne détruisissent un pont qui reliait la chaussée au village; les troupes reçurent l'ordre de se jeter à l'eau à trois heures et demie; il avait été décidé que la marine quitterait le mouillage à minuit, remonterait le Peh-Tang avec les canonnières seulement, passerait sous le feu des forts, et viendrait les prendre à revers, pendant que la colonne de terre, composée de 4,000 hommes et de 2 batteries françaises les prendrait en écharpe en suivant la chaussée.

« Le général de Montauban se mit à l'eau à la tête de ses troupes. Le général Grant suivit son exemple, et bientôt les forces alliées touchèrent cette terre si difficile à aborder et que nos armes ne quitteront qu'après la chute des forts du Peï-Ho. Les cris de : *Vive l Empereur!* auxquels les Anglais répondirent par un hourra frénétique, prouvèrent que ce bain de mer improvisé et cette marche si pénible dans la vase du fleuve n'avaient fait que surexciter l'énergie des assaillants.

« Le reste des troupes et la batterie de montagne ont été débarqués en attendant que l'état du sol permît de mettre à terre les batteries de quatre.

« La première brigade a occupé la chaussée de Peh-Tang. La deuxième brigade est venue camper à quelque distance de la première ; les Anglais occupaient la droite ; 200 hommes de chaque armée avaient pris position sur le pont de communication entre la chaussée et le village.

« L'ordre avait été donné d'être sur pied le lendemain à trois heures du matin, lorsque le général de Montauban fut informé que le général anglais et le lieutenant-colonel Dupin avaient pénétré dans le fort évacué par les Chinois, qui n'y avaient laissé que deux pièces en bois, cerclées en fer.

« Les Chinois avaient eu soin de miner le fort et de déposer dans six endroits différents des bombes du plus fort calibre armées de batteries à pierre, soigneusement dissimulées. Nos hommes en marchant les auraient infailliblement fait partir, si le général de Montauban n'avait pas eu la sage précaution d'envoyer une compagnie de sapeurs pour rechercher les mines pratiquées par les assiégés.

« A cinq heures, les alliés occupaient le fort, et la flottille était à l'ancre sous leur protection.

« Les troupes sont entrées dans Peh-Tang-Tcheu, gros bourg de 30,000 âmes. Toutes les autorités avaient fui : les habitants paraissaient fort effrayés. Ces populations sont plus sauvages ou plus craintives à mesure que l'on marche vers le nord.

« Dans cette contrée, l'eau fraîche est difficile à trouver ; les bateaux qui alimentaient le village sont tous partis, mais la marine a pris des mesures pour assurer cette partie si importante de l'alimentation.

« Le 2 août, plusieurs groupes de cavaliers s'étant montrés sur la levée qui conduit du Peh-Tang au Peï-Ho, et un camp tartare ayant été signalé, les généraux alliés convinrent d'envoyer le lendemain, de grand matin, une reconnaissance dans la direction de ce camp, sous les ordres du général Collineau.

« Une canonnade assez suivie se fit entendre vers

les huit heures du matin ; les troupes avaient rencontré environ deux ou trois mille cavaliers et des fantassins qui couvraient un camp retranché à 8 kilomètres de Peh-Tang et à 1,200 mètres du point de jonction de la route de ce bourg avec les routes de Tien-Tsin et du Peï-Ho.

« Les décharges assez fréquentes dont le bruit avait mis en éveil la garnison anglaise et française du fort de Peï-Ho provenaient en grande partie d'une espèce de batterie de gros fusils de rempart, placée sur la face du camp ennemi qui bat la chaussée par laquelle les troupes en reconnaissance s'avançaient en bon ordre.

« Comme les forts de la rive gauche du Peï-Ho n'étaient pas éloignés du lieu où l'action paraissait se passer, le général de Montauban monta à cheval et se dirigea de ce côté avec une autre section de montagne et une compagnie d'infanterie ; il trouva le général Collineau qui, avec son énergie habituelle, avait pris les meilleures dispositions pour remplir la mission qui lui avait été confiée et dont le but était une simple reconnaissance, et non un engagement sérieux.

« Après qu'il fut bien constaté aux yeux des Tartares que nous les avions chassés de leurs avant-postes et que nous restions fermes sous leur feu, la reconnaissance est rentrée à Peh-Tang sans avoir perdu un seul homme ; un très-petit nombre de soldats anglais et français ont reçu des blessures sans gravité.

« Le camp retranché, défendu par la cavalerie tartare, était occupé par de l'infanterie; il est placé en avant d'un village assez considérable qui paraît être Ta-Ku.

« Ces cavaliers tartares rappellent les goums arabes moins l'audace individuelle ; ils paraissent manier leurs chevaux avec facilité; leur armement se compose d'arcs, de flèches et de fusils. Ils font un service d'avant-postes bien organisé, et personne ne peut sortir de Peh-Tang sans que la cavalerie de ces avant-postes ne fasse des signaux qui doivent être vus au loin.

« La fermeté des troupes européennes paraît surprendre les soldats chinois. L'attaque du camp retranché a dû suivre de près la reconnaissance dirigée par le général Collineau; l'occupation de ce point par les troupes alliées était d'autant plus désirée que le séjour de Peh-Tang offrait des difficultés sérieuses pour la fourniture de l'eau aux hommes et à la cavalerie, et que l'état sanitaire du corps expéditionnaire aurait pu souffrir d'un séjour plus prolongé dans un lieu si humide et si malsain.

« L'enlèvement de vive force du camp retranché a dû avoir lieu le 10 août.

« Au moment du départ du courrier, un mandarin à bouton bleu, escorté de deux cavaliers, venait d'agiter un drapeau parlementaire et apportait des propositions de la part du gouvernement chinois.

« On ignorait encore quelle était la nature de ces propositions.

« La marine et les troupes de terre, dans les deux armées, rivalisaient de dévouement, d'impatience et d'ardeur, et se préparaient à une lutte décisive; les premières nouvelles ne peuvent donc pas manquer d'avoir une portée sérieuse et un grand intérêt. »

HUITIÈME LETTRE [1]

Opérations militaires. — Prise des forts de Ta-kou et de Peï-ho. — Les ambassadeurs à Tien-Tsin. — Projets de paix. — Mauvaise foi de l'envoyé chinois. — Victoires de Chang-Kia et de Pali-Kiao. — Marche sur Pékin. — Incidents divers.

Le général de Montauban à S. Exc. le ministre de la guerre.

Camp de Sing-ho, le 24 août 1860.

Le 12 et le 14 août, combats qui chassent l'armée tartare de ses positions et nous livrent ses camps retranchés. Le 17, pont jeté sous le feu de l'ennemi sur le Peï-ho. La brigade Jamin s'établit solidement sur la rive droite. Le 21, après une très-vive résistance, nous avons emporté d'assaut le fort de Ta-Kou. Hors

(1) Nous remplaçons une lettre qui nous manque par un résumé des articles et rapports publiés dans les journaux.

de combat : 200 Français, 250 Anglais, un seul officier tué.

Tués, trouvés dans le fort, 1,000 Tartares, parmi lesquels le général en chef. Tous les autres forts se rendent successivement. Le même soir, capitulation qui nous livre tout le pays, jusqu'à Tien-Sing, 600 pièces de bronze d'un très-fort calibre et d'énormes approvisionnements. Les ambassadeurs se rendent à Tien-Sing, où les attendent les commissaires chinois pour traiter. L'armée alliée s'échelonne sur leur route. Les généraux et amiraux s'y rendent également avec escorte. L'état sanitaire est très-bon.

DÉTAILS DE L'ATTAQUE DES FORTS DU NORD TA-KOU ET DE PEI-HO.

Le vapeur de Sa Majesté *The Centaur*, arrivé hier soir, nous apporte l'esquisse suivante d'un témoin oculaire sur la prise des forts de Takou. Nous n'avons point encore la liste des tués et blessés, mais nous croyons savoir qu'aucun officier anglais n'a péri dans cet engagement.

Des reconnaissances ayant été faites avec grand soin, les troupes consistant en artillerie, génie, un bataillon d'infanterie de marine, le 44e et le 67e de ligne, sortirent le 20 août de Ton-hoo et bivouaquèrent la nuit sur la plaine faisant face au fort qu'elles devaient attaquer, mais hors de la portée de ses canons.

Pendant la nuit, des détachements de travailleurs élevèrent des batteries et des épaulements en terre, comblèrent les creux pour faciliter l'approche de la place. De temps à autre le fort lançait des bombes lumineuses d'un effet très-pittoresque, mais qui n'éclairaient pas l'ennemi sur nos mouvements.

Le 21, à trois heures du matin, les batteries d'artillerie gagnèrent les positions qui leur avaient été assignées, le génie avec l'aile droite de l'infanterie de marine, portant leurs ponts volants et leurs échelles d'assaut, suivirent bientôt, et à cinq heures du matin le 67e, le 44e et le reste du bataillon d'infanterie de marine marchaient à l'ennemi. La matinée était belle et calme — la plaine unie comme une table de billard, mais coupée à de certains intervalles par des fossés irréguliers, dans quelques-uns desquels on devait avoir de la boue jusqu'aux genoux.

Il faisait assez clair pour que les Chinois découvrissent notre approche. Aussi dès que nous fûmes à la plus longue portée de leurs canons, les boulets ne tardèrent-ils pas à pleuvoir sur nos colonnes qui continuaient d'avancer. — Une force française d'environ 1,500 hommes d'infanterie et d'artillerie avait pris des positions très-favorables, et leurs canons tonnèrent avec un résultat magnifique sur notre droite et notre gauche.

L'infanterie reçut l'ordre de se tenir à couvert et de

se coucher ventre à terre pour éviter les boulets et les bombes qui, en ce moment, pleuvaient sur nous de trois autres forts en addition à celui que nous attaquions.

Bientôt l'excellent résultat de l'artillerie, particulièrement celui des canons Armstrong et des mortiers de huit pouces devint manifeste, boulet par boulet s'incrustant dans les murailles, et les bombes éclatant avec une effrayante précision.

Environ à sept heures du matin, le grand magasin à poudre de l'ennemi sauta avec un bruit dominant de beaucoup celui de l'artillerie et une *sublimité* qui ne peut être décrite ni oubliée par ceux qui en furent les témoins, mais bientôt l'ennemi rouvrit son feu et déploya un courage non abattu ; certainement aucunes troupes européennes, n'ayant que les mêmes armes à leur disposition, n'auraient pu en faire un meilleur usage.

L'infanterie française et la nôtre se joignirent graduellement; toutes deux s'avançant en tirailleurs ouvrirent le feu sur le parapet et les embrasures. Nous vîmes de nombreux blessés se porter en arrière ; ceux qui l'étaient plus grièvement étaient transportés dans des voitures à bras (*Dholies*).

C'était chose admirable de voir le calme et le sang-froid des *coolies* chinois employés à ce service et aussi à porter les munitions. — Aucuns soldats du monde n'eussent pu agir plus bravement.

Il fut impossible de se servir de ponts volants, soit

qu'ils fussent détériorés, soit à cause des obstacles que présentait le terrain. Ordre fut donné d'y renoncer.

L'infanterie de marine porta alors les échelles d'assaut à angle droit du point que les Français s'efforçaient de franchir et les jeta en travers du fossé. Elle en fit autant des ponts sur lesquels une partie de la troupe passa, tandis que l'autre, s'y accrochant par les mains, passait au-dessous ayant de l'eau jusqu'au cou.

Les légères échelles en bambou des Français furent aisément dressées, et les alliés, Anglais et Français, montèrent à l'assaut.

Autant que je l'ai pu voir, les Français montèrent les premiers sur les murs, mais les Anglais furent les premiers à pénétrer dans la place par une grande embrasure. Bientôt, et pour ainsi dire au même moment, il se fit une ouverture dans la porte principale, et le drapeau du 67e se déploya pour maintenir la place honorable que ce régiment avait conquise à l'intérieur du mur.

Toutes les troupes qui avaient soutenu l'attaque se réunirent, notre artillerie cessa de gronder; les seuls coups de canon qui se firent entendre provenaient de l'intérieur du fort à mesure que les servants cédaient devant l'impétuosité irrésistible des *barbares*.

Le fort s'est rendu à huit heures et demie du matin, et, comme par sa position il commandait tous les autres, ceux-ci, des deux côtés de la rivière, se sont tranquillement soumis aux alliés.

Nous avons trouvé en batterie dans ces forts presque tous les canons du *Cormoran*, de la *Zee* et du *Plover*, coulés dans l'attaque de l'année dernière.

Il y avait eu antérieurement un engagement dans lequel la cavalerie tartare s'est conduite avec la plus grande bravoure, chargeant sur deux canons de la batterie Stirting. Trente hommes de notre propre cavalerie ont été mis hors de combat sur ce point, et le lieutenant Macgregor lui-même a été grièvement blessé.

Par moment, les Tartares se sont approchés à 400 mètres en dépit des décharges incessantes de notre artillerie, de nos carabines rayées et de nos fusées; mais chaque fois ils ont été repoussés en grande confusion.

« A M. le commandant supérieur de Canton, de la part de son respectueux serviteur,

« Q. CHÉNILLION.

Capitaine d'artillerie.

Pendant que l'on se préparait à célébrer en France la solennité nationale du 15 août, nos troupes contribuaient puissamment, dans la journée du 14, à chasser l'armée tartare de ses positions et à enlever ses camps retranchés; le lendemain, à six heures du matin, le canon français auquel l'artillerie anglaise a répondu, annonçait la fête de l'Empereur. A neuf heures et demie, une messe en musique a été célébrée au camp français. A cinq heures, ces hommes qui la veille étaient si bouillants sur le champ de bataille, organisaient des courses à pied par régiment, avec armes et six paquets de cartouches.

La fête s'est passée avec autant d'ordre que d'entrain ; les musiques des régiments ont joué pendant l'office divin, et nos alliés ont pu admirer les chants d'un chœur parfaitement organisé, qui a exécuté le *Te Deum* et le *Domine, salvum fac Imperatorem*. Au milieu du camp s'élevait un autel construit en feuillages ; les troupes étaient formées en carré, les officiers au centre. Il y a quelque chose d'émouvant à penser qu'en ce jour si grand pour le monde catholique, nos soldats, à six mille lieues de la mère-patrie, répétaient les chants religieux de leur pays, et demandaient à Dieu la gloire de la France et la conservation des jours de l'Empereur.

La célébration de la messe en plein air devant le front des régiments a quelque chose de grandiose qui élève l'âme et frappe vivement l'imagination ; les Anglais, qui professent un si grand respect pour l'observance des devoirs religieux ont dû être frappés du recueillement de nos troupes et de l'imposante simplicité de nos cérémonies.

Des distributions extraordinaires ont été faites aux divers corps français ; une dernière salve d'artillerie a terminé la fête de l'Empereur, et nos soldats se sont tenus prêts à continuer leurs glorieux travaux.

Quartier-général de Sin-Khô, 18 août 1860.

Le général commandant en chef les troupes françaises en Chine à S. Exc. le ministre de la guerre.

Monsieur le Maréchal,

J'ai l'honneur de vous adresser le compte rendu suivant des opérations de la journée du 14 août :

L'armée alliée, sortie de Peh-Tang le 12, après avoir repoussé devant elle la cavalerie de l'ennemi et chassé son infanterie des positions retranchées qu'elle occupait autour de Sin-Khô, s'était installée le même soir autour de ce village situé en amont de toutes les défenses de la rive gauche du Peï-Ho.

Le même jour, une reconnaissance faite sur une chaussée qui partait de Sin-Khô m'avait appris l'existence, à environ cinq kilomètres en aval, d'un camp retranché considérable situé autour du village de Tang-Kou, et défendu d'une façon sérieuse tant par des obstacles naturels que par des forces d'infanterie et d'artillerie.

Ce camp, qui s'appuyait au Peï-Ho, n'était accessible pour nous que par deux débouchés : l'un d'eux était cette chaussée suivie le 12, et dont les deux côtés, noyés par des lagunes, ne permettaient aucun déploiement d'artillerie ou d'infanterie ; l'autre débouché, qui fut adopté par le général en chef anglais et par moi pour notre ligne principale et commune d'opérations, était la rive gauche même du Peï-Ho. Ce terrain était coupé par de nombreux canaux présentant à notre marche des difficultés qui furent vaincues, grâce au concours toujours zélé et intelligent du génie, de l'artillerie et des pontonniers.

Il devenait ainsi possible de se rapprocher assez des retranchements pour développer les batteries des deux armées, ouvrir un feu efficace, défendre en grande partie les défenses de l'ennemi et lancer ensuite des colonnes d'assaut qui, soutenues par le gros de nos forces, devaient enlever les ouvrages.

Tel fut le plan adopté, et le 14 au matin les deux armées s'ébranlaient dans l'ordre suivant :

L'armée anglaise, appuyant sa droite au Peï-Ho, descendait parallèlement au fleuve, tandis que les deux brigades Jamin et Collineau, en colonnes serrées, et à demi-distance de déploiement, marchaient à sa gauche et à la même hauteur. Toute la ligne d'infanterie était précédée par l'artillerie qui avait, dans cette journée, à entrer la première en action ; celle-ci était elle-même couverte et appuyée, surtout à gauche, par une avant-garde d'infanterie ainsi composée : une compagnie du génie, 200 hommes de marins de débarquement, deux compagnies de chasseurs à pied.

Le terrain que nous avions à parcourir était moins ferme que celui qui était assigné à nos alliés : la marche de l'armée n'en éprouva néanmoins aucun retard.

Vers huit heures, les deux batteries de 4 et la section de fuséens, se déployant à la gauche des pièces anglaises, ouvrirent le feu avec elles, à environ 1,500 mètres des retranchements. La précision de leur tir, malgré la riposte très-vive, mais heureusement mal dirigée de l'ennemi, eut bientôt pour effet de permettre au colonel de Bentzman de rapprocher sa ligne par un mouvement de feu en avant par demi-batteries. La batterie d'obusiers de montagne entra en ligne dès que la distance diminuée rendit son feu efficace.

Pendant ce temps, nos masses d'infanterie étaient tenues à distance, et je faisais exécuter, à notre extrême gauche, sur la chaussée indiquée plus haut, une diversion par deux pièces de 4, soutenues par le 2e bataillon d'infanterie de marine. Ces deux pièces devaient se maintenir à hauteur de la gauche de l'armée et détruire les défenses situées à l'extrémité de la chaussée qu'elle suivait, ce point ayant été reconnu comme celui sur lequel devait se diriger la colonne d'assaut.

L'artillerie se rapprocha jusqu'à 400 mètres, sous un feu qui diminuait par degrés. La plupart des projectiles ennemis passaient au-dessus d'elle et tombaient dans l'espace vide, en avant de notre infanterie, déployée alors par bataillons en masse.

Vers neuf heures, le feu des Chinois était presque éteint, sauf celui de quelques embrasures à leur extrême droite, qui tiraient sur notre gauche.

Le moment était venu, et après m'être entendu avec le général Grant, rapprochant toute mon infanterie par un mouvement en avant, je donnai l'ordre au lieutenant-colonel Schmitz, mon chef d'état-major général, de former les troupes d'avant-garde en colonnes d'assaut, et d'enlever à leur tête les retranchements ennemis.

Cet officier supérieur, quoiqu'il fût alors assez gravement malade, s'acquitta de sa mission avec une rare énergie. La compagnie du génie, suivie de coulies portant les échelles, les deux compagnies de débarquement, commandant Jauréguiberry, les 7e et 8e compagnies du 2e bataillon de chasseurs, commandant de la Poterie, arrivèrent à la suite sur les bords de la contre escarpe, après avoir subi un feu de mousqueterie assez vif.

Le lieutenant-colonel Schmitz se précipita dans le fossé plein d'eau, suivi par les capitaines Chanoine et Guerrier de l'état-major général, et les capitaines Paillot et Etienne du 2e bataillon de chasseurs à pied. Il arriva le premier sur le haut du parapet et y planta le drapeau national à la vue de toute l'armée. Il appela à lui les troupes; elles s'élancèrent de là dans l'intérieur de l'ouvrage, à la poursuite des défenseurs qui s'enfuyaient en désordre.

Au même moment, une colonne anglaise avait pénétré sur une autre point; le camp retranché était à nous. Un pont établi sur le fossé permit bientôt au reste de nos troupes d'en achever l'occupation, et la poursuite, quoique ralentie par les nombreux canaux qui coupent dans tous les sens l'intérieur du camp retranché, continua jusqu'au delà de la face opposée. A ce moment, et à la suite d'une conférence que je tins avec le général Grant, nous résolûmes de nous arrêter.

Bon nombre de cadavres abandonnés sur le point où ils avaient été atteints, environ cent autres trouvés dans les maisons abandonnées du village, les corps de quelques mandarins d'un rang élevé qui s'étaient ouvert la gorge au moment de la fuite de leurs troupes, attestaient que les pertes de l'ennemi avaient été sensibles, et témoignaient des ravages produits par notre artillerie rayée. Quant aux nôtres, l'état joint à ce rapport fera voir à Votre Excellence que, grâce à la supériorité de notre feu et à l'élan de nos troupes, ce succès important n'a pas été acheté trop cher.

Quinze pièces en bronze, sans compter un assez grand nombre de bouches à feu d'un très-petit calibre, sont tombées entre nos mains. L'ennemi, dans sa fuite, a abandonné aussi un nombre si considérable de drapeaux, que je me suis contenté de les faire abattre sans croire devoir les rapporter à mon camp. J'ai l'honneur de vous adresser par ce courrier une copie de l'ordre général n° 85.

Votre Excellence y verra le nom des officiers et soldats qui se sont distingués sous mes yeux dans cette action brillante, et que j'ai cru devoir citer à l'ordre de l'armée.

Le colonel de Bentzman, commandant l'artillerie, secondé par le colonel Foullon-Grandchamps, a dirigé ses batteries avec une vigueur et une précision au-dessus de tout éloge.

Veuillez agréer, monsieur le maréchal; etc.

Le général commandant en chef
l'expédition de Chine,

C. DE MONTAUBAN.

ORDRE GÉNÉRAL.

La journée du 14 août a répondu à ce que le général en chef attendait du corps expéditionnaire.

Grâce à l'énergie et à l'ensemble de l'attaque exécutée par les armées alliées, le camp retranché de Tang-Ho enlevé d'assaut est tombé en notre pouvoir, et l'ennemi, après avoir éprouvé des pertes sérieuses, s'est enfui dans le plus grand désordre, en laissant entre nos mains quinze pièces de canon en bronze.

La vigueur de l'artillerie, la précision du tir de ses batteries, rapprochées successivement par le colonel Bentzman jusqu'à 400 mètres des retranchements, l'entrain avec lequel les troupes formant la colonne d'assaut commandée par le lieutenant-colonel

Schmitz se sont jetées sur les obstacles, méritent les plus grands éloges.

Le général en chef est heureux d'exprimer toute sa satisfaction à l'armée ; elle a dignement célébré la veille de la fête de S. M. l'Empereur.

Camp de Sin-Khô, 24 août 1860.

MONSIEUR LE MARÉCHAL,

J'ai eu l'honneur d'adresser à Votre Excellence le rapport sur l'occupation de la rive droite du Peï-Ho, effectuée le 18 *août* (1) par les troupes de la 1re brigade (2e bataillon de chasseurs à pied et 1er bataillon du 101e de ligne).

Le 20, le général Jamin fit par mes ordres une reconnaissance destinée à éclairer les débouchés en avant de son front. Il rencontra bientôt des ouvrages occupés fortement, et dut s'arrêter devant un feu d'artillerie de gros calibre. Il me fut alors démontré que, sur cette rive comme sur la rive gauche, il était impossible d'aborder les forts sans avoir enlevé un grand camp retranché, semblable à celui de Tang-Kou, pris par nous le 14.

Dès ce moment, la disposition de l'ensemble des ouvrages chinois m'était clairement connue.

(1) Le rapport sur la journée du 18 n'offrant plus grand intérêt, nous avons cru devoir le supprimer ici.

Sur la rive, à l'embouchure de Peï-Ho, un fort énorme battant la mer et les approches des estacades; en amont, un autre fort couvrant de feux les premiers et enfilant le fleuve ; enfin, pour protéger tout le système du côté de la terre, un vaste camp retranché situé à la limite de la terre ferme et des lagunes.

La position de la brigade Jamin couvrait mon point de passage et avait pour effet de menacer la seule ligne qui restât à l'ennemi.

D'accord avec le général en chef sir Hope Grant, j'ordonnai de pousser aussi rapidement que possible les travaux du pont que nous construisions en commun. Mais en raison de la largeur du fleuve qui est sur ce point de 260 mètres, quelques jours étaient nécessaires à l'achèvement du pont et il fut décidé qu'on profiterait de ce délai pour attaquer le fort le plus rapproché du Tang-Khou sur la rive gauche.

Les canonnières des deux flottes devaient en même temps couvrir de feux, avec leurs pièces à longue portée, le fort de la rive gauche situé en aval de celui que nous attaquions.

La brigade anglaise de sir Robert Napier et la brigade du général Collineau furent désignées pour cette opération qui fut fixée au 21.

Le général Collineau alla bivouaquer au camp de Tang Kou, le 20 au soir, avec une compagnie du génie, le 1er bataillon du 101e de ligne et deux bataillons d'infanterie de marine. Une batterie de 12 rayée, un détachement de pontonniers sous le commandement du colonel Grandchamps et une section d'ambulance devaient le rejoindre au point du jour.

Cet officier général se mit immédiatement à la tête du corps d'artillerie, qui avait pris position en avant de Tang-Kou, et avait abrité derrière un épaulement son matériel de siége.

Il fut décidé entre eux que, dans l'attaque du lendemain, les troupes françaises occuperaient la droite des troupes anglaises.

Le 21 au matin, la brigade Collineau déboucha sur le terrain des opérations par deux chaussées qui traversent les terrains noyés s'étendant en avant de Tang-Kou. La compagnie du génie avait préparé cette marche en comblant pendant la nuit une coupure située sur la chaussée de droite.

Dès le point du jour, les forts ennemis avaient ouvert le feu contre l'artillerie anglaise.

Le général Collineau prit les dispositions suivantes : 2 pièces, joignant leur feu à celui des pièces de siége anglaises, furent dirigées contre le fort attaqué : les 4 autres pièces, placées sur la rive même du fleuve, commencèrent à contre-battre les batteries des forts de la rive droite, dont les feux nous prenaient d'écharpe.

Le 1er bataillon du 102e (colonel O'Malley), le 1er bataillon d'infanterie de marine (colonel de Vassoigne), étaient déployés en arrière et abrités par un pli de terrain. Le 2e bataillon d'infanterie de marine resté (commandant Domenech Diégo), était en réserve à Tang-Kou.

Vers sept heures une explosion formidable se produisit dans le fort que nous attaquions ; le général Collineau fit avancer immédiatement trois compagnies du 102e, qui prirent position derrière un petit épaulement à environ 300 mètres de la contre-escarpe. Le feu de notre artillerie redoubla de force. Vers sept heures et demie, une explosion plus terrible que la première bouleversa le deuxième fort de la rive gauche. Cependant le feu des forts de droite nous gênait beaucoup ; deux pièces de 12 et deux obusiers anglais furent amenés sur l'alignement des troupes les plus avancées et dirigés contre eux.

Le moment décisif approchait. Le capitaine Lesergeant d'Hemdecourt, aide de camp du général Collineau, fut envoyé par lui pour reconnaître les obstacles : ils consistaient en trois fossés pleins d'eau traversant un terrain fangeux, et abordables par deux chaussées glissantes ayant à peine 2 mètres de largeur. L'intervalle entre les deux derniers fossés et le pied des remparts où le feu de notre artillerie n'avait pu parvenir à faire brèche était couvert de défenses accessoires de toute nature.

D'un commun accord, les généraux Collineau et Napier lancèrent leurs colonnes d'assaut.

La compagnie de voltigeurs du 102e fut jetée en avant, tandis que les coulies porteurs d'échelles, sous la direction d'une section du génie commandée par le capitaine Bovel, marchaient vers la contre-escarpe.

La 4e compagnie du 1er bataillon du 102e suivit de

près les voltigeurs et le colonel O'Malley prit le commandement de cette colonne. Cependant le feu de la mousqueterie nous faisait éprouver des pertes sensibles : les coulies, dont plusieurs avaient été frappés, hésitaient, et une nouvelle section du génie dut porter en avant les échelles abandonnées.

Grâce à l'intelligence et à l'activité du génie, grâce à l'intrépidité de nos hommes, les obstacles furent enfin franchis, quelques échelles s'appliquèrent au rempart. Aussitôt le général Collineau lança une colonne de soutien composée de trois compagnies d'infanterie de marine. Alors s'engagea une de ces luttes mémorables qu'il est bien difficile de décrire. D'un côté, quelques hommes du 102e et de l'infanterie de marine montant, un par un, sur les échelles, la baïonnette en avant : de l'autre, un ennemi acharné luttant avec la mousqueterie, les piques, les flèches, et roulant des boulets du haut du rempart. Le drapeau français est planté sur la crête par le tambour Fachard, de la 4e compagnie du 1er bataillon du 102e arrivé l'un des premiers, et qui soutient une lutte héroïque.

Le colonel O'Malley, le chef de bataillon Testard, de l'infanterie de marine, le chef d'escadron Campenon, envoyé par le général Collineau, peu après le début de l'action, pour activer le mouvement ; le lieutenant de vaisseau Rouvier, commandant des coulies : le lieutenant-colonel d'état-major Dupin, qui avait revendiqué l'honneur de marcher avec la colonne. L'énergie de nos troupes l'emporte : elles pénètrent dans l'ouvrage, et là un nouveau combat recommence sur ce terrain, que l'ennemi défend pied à pied avec un acharnement indicible.

Enfin le fort est conquis, les Anglais y pénètrent également de leur côté ; l'ennemi se précipite par toutes les issues, se jetant par les embrasures dans la direction du deuxième fort, sous une grêle de balles qui jonche le terrain de ses morts et de ses blessés.

Mais nos pertes étaient sérieuses et cruelles. Le lieutenant Grandperrier, des voltigeurs du 102e, le maréchal des logis Blanquet Du Chayla attaché au corps des coulies, ont été frappés mortellement; les lieutenants Balme et Portes, l'adjudant sous-officier Lunet, du 102e, sont grièvement blessés.

Sur 8 officiers des deux compagnies du 101e, deux seulement ont été épargnés par le feu; la seule compagnie de voltigeurs compte 62 hommes tués ou blessés. Le commandant Testard n'est parvenu à entrer dans le fort que couvert de coups de lances et de contusions, et après avoir été renversé par un boulet qui lui a été jeté sur la tête.

Tout en laissant au général Collineau le commandement que je lui avais confié, j'avais assisté à l'affaire et j'avais pu en suivre tous les détails.

La seule prise de ce premier fort était une victoire complète, mais il était à peine neuf heures du matin, et je dus me préoccuper de savoir s'il n'y aurait pas de grandes conséquences à tirer du succès que nous avions obtenu.

J'entrai dans le fort pour me concerter avec le général Grant. En ce moment le feu de la rive droite, qui nous avait tant inquiétés dans la matinée, avait cessé complétement, et des pavillons blancs étaient arborés sur tous les ouvrages ennemis.

Des parlementaires se présentèrent demandant à communiquer avec les ambassadeurs. Le général Grant et moi leur répondîmes qu'à deux heures précises, à moins d'une soumission complète, les hostilités recommenceraient. Je profitai de ce délai pour donner du repos à nos troupes.

J'avais donné l'ordre au colonel de Bentzman de faire venir de suite les deux batteries de 4, la seconde batterie de 12 et la section de fuséens.

Le 4 devait être dirigé sur le second fort de rive gauche qui devenait le nouveau but de nos attaques; le 12 et les fuséens déployés sur les bords du Peï-Ho, de façon à contre-battre le grand fort de la rive droite, dont les batteries pouvaient prendre en flanc nos colonnes.

A deux heures précises, le général Collineau se dirigea sur le second fort, laissant en réserve les troupes engagées le matin, pendant que l'artillerie déployée se tenait prête à ouvrir son feu. Il arriva avec sa troupe jusque sur le bord du fossé, sans recevoir un seul coup de feu; les obstacles sont franchis sur des échelles, le rempart escaladé; l'infanterie de marine pénètre par une poterne située sur la rive même du fleuve, et nos deux colonnes se rencontrent dans l'intérieur du fort, en serrant entre elles une garnison de 3,000 hommes qui avait jeté ses armes et semblait frappée de stupeur.

Ce second fort, comme le premier, était armé d'une artillerie formidable, et avait sur ses cavaliers des pièces d'un calibre énorme.

Ce nouveau succès donna la mesure de la démoralisation de l'ennemi.

Le chef d'escadron Campenon et le capitaine de Cools étaient en ce moment occupés à réunir les moyens de passage, et s'étaient emparés d'une jonque. Je leur donnai l'ordre de passer sur la rive droite avec des officiers anglais, chargés d'une mission semblable par le général sir Hope Grant, et d'aller sommer le vice-roi du Pétchéli d'abandonner immédiatement toutes les défenses du Péï-Ho.

Arrivés sur l'autre rive, ces officiers tentèrent de pénétrer dans le premier fort ; mais ils en furent écartés par un mandarin militaire qui fit lever devant eux les ponts-levis. En ce moment, un autre mandarin, porteur de dépêches pour les généraux alliés, se présentait à eux. Ces dépêches, ouvertes sur-le-champ et traduites par M. Parkes, de l'armée anglaise, offraient l'abandon aux alliés des forts conquis le matin, et l'ouverture du Péï-Ho aux escadres, mais réservaient aux Chinois les forts et les ouvrages de la rive droite.

Ces propositions furent repoussées, et les officiers

français et anglais résolurent d'aller trouver le vice-roi dans son yamoun de Ta-Kou

Ils furent bien accueillis par lui, et une conférence très-longue s'engagea avec le vice-roi, qui se montra d'abord inébranlable.

Vers huit heures du soir seulement, le vice-roi céda et remit entre les mains des officiers une pièce adressée par lui aux commandants en chef de terre et de mer des armées alliées, dans laquelle il leur faisait abandon de tous les forts et camps retranchés situés sur les deux rives de Péï-Ho avec tout leur matériel de guerre, et laissait libre l'accès du fleuve. Le lendemain, au point du jour, ce document était remis entre mes mains; mais, dès la veille au soir, des compagnies d'infanterie de marine et des compagnies anglaises avaient pris pied sur la rive droite, dont les ouvrages venaient d'être évacués dans le plus grand désordre par les troupes tartares.

En résumé, la journée du 21 nous a valu la prise de cinq forts, deux immenses camps retranchés, une quantité énorme d'armes de toute sorte, de munitions de guerre et de 518 pièces de canon de gros calibre.

En terminant ce rapport, je crois devoir signaler d'une façon toute spéciale à Votre Excellence le général Collineau qui, dans la lutte sanglante du 21 août, a déployé la bravoure et l'énergie que vous lui connaissez. Je ne saurais trop rendre hommage au calme et à l'intelligence de la guerre avec lesquels il a dirigé l'opération. Cet officier général a eu, pendant l'assaut, son épaulette droite traversée par une balle.

Du reste, depuis le commencement de cette campagne, et au milieu de difficultés qui n'ont guère d'analogues en Europe, les troupes ont toujours rivalisé de constance et d'entrain. L'artillerie, dont le rôle était si important, a été ce qu'elle s'est montrée partout. Le génie a accompli avec son zèle habituel la tâche difficile qui lui était imposée. Le service des ambulances a été au-dessus de tout éloge, tant pour les soins donnés aux malades dans nos hôpitaux, que pour les premiers secours apportés aux blessés sur le champ de bataille.

Je joins à ce rapport les états des tués et des blessés, l'état des pièces de canon prises dans les forts, l'ordre général n° 91 relatif à l'affaire du 21, et j'adresse en même temps à Votre Excellence des mémoires de propositions sur lesquels je la prie de vouloir bien appeler toute la bienveillance de S. M. l'Empereur.

Veuillez agréez, Monsieur le maréchal, etc.

Le général de division commandant en chef l'expédition de Chine,

DE MONTAUBAN.

ORDRE GÉNÉRAL.

Soldats du corps expéditionnaire,

Les forts de Péï-Ho sont tombés au pouvoir des armées alliées avec 518 bouches à feu de gros calibre et une immense quantité d'armes et de munitions de guerre.

Je vous remercie au nom de l'Empereur pour la constance et l'énergie dont vous avez fait preuve.

Vous avez porté haut le drapeau de la France, à 6,000 lieues de la patrie, et dans un pays où le sol a souvent manqué sous vos pas.

L'Empereur vous en tiendra compte.

Au-dessous de ces lignes, qui auront de l'écho dans notre pays, je me borne à citer les noms de ceux d'entre vous qui se sont particulièrement distingués dans la journée du 21 août, et à leur tête je place le général Collineau qui, dans cette lutte sanglante, a déployé tant de calme, de décision et d'énergie.

Ici vient la liste des officiers, sous-officiers et soldats portés à l'ordre du jour.

À bord de *l'Alarme*, dans le Péï-Ho, 23 août 1860.

MONSIEUR LE MINISTRE,

Ainsi que j'ai eu l'honneur de le faire connaître à Votre Excellence dans un rapport précédent, la marche de l'expédition partie le 12 des bords du Pétang n'a été qu'une suite de succès. Après avoir repoussé partout l'ennemi, elle arrivait le 18 sous les murs des forts établis sur la rive nord du Péï-Ho; je reçus alors l'avis que les armées alliées attaqueraient dans la matinée du 21 août ces positions formidables, où les Chinois avaient depuis longtemps réuni tous les moyens de défense.

Certain que la marine, au moment décisif, pourrait concourir efficacement à cette attaque, j'avais depuis plusieurs jours recherché sur les lieux la meilleure position à donner à nos canonnières pour battre les forts, sans inquiéter dans leurs mouvements les colonnes assaillantes. Le point qui me parut le mieux satisfaire à ces conditions se trouvait situé sur la rive gauche du Péï-Ho; mais il n'était accessible qu'aux bâtiments d'un faible tirant d'eau, tels que nos petites canonnières en fer.

J'avais alors quatre de ces bâtiments à deux heures de l'après-midi; je leur ai donné l'ordre d'aller mouiller sur les bancs de vase molle situés au point que j'avais été reconnaître les jours précédents et que j'avais fait baptiser. Le contre-amiral prit le commandement de ce groupe. Je fis route à la même heure vers l'embouchure du Péï-Ho avec les grandes canonnières, qui mouillèrent à six heures du soir en dedans de la barre du fleuve, à environ un mille des forts du sud.

Nous n'avons point été inquiétés dans ces divers mouvements par les batteries des forts; mais dans la soirée, vers neuf heures et demie, les Chinois lancèrent sur nos bâtiments des machines incendiaires qui firent explosion à une petite distance sans les atteindre.

Le lendemain 21 août, à cinq heures du matin, les armées alliées commençant leur mouvement vers le fort inférieur du nord, les canonnières sous les ordres de l'amiral Page ouvrirent leur feu contre le fort du littoral et le dirigèrent avec succès pendant toute l'action, qui dura près de six heures; au moment de la marée basse elles furent complétement à sec, et leur tir, loin d'être désavantageux, gagna alors beaucoup en précision. Le feu de leur artillerie contribua au succès de la journée, non-seulement par une attaque directe des forts, mais en rendant libres plusieurs points de la plaine dans laquelle s'avançaient les armées.

Leurs pièces rayées causaient de terribles ravages dans les ouvrages de fortifications des Chinois. Quatre canonnières anglaises, de leur côté, joignaient leur feu au nôtre.

A sept heures, une forte explosion se fit entendre, et l'épaisse fumée qui la suivit indiqua qu'un des principaux forts du côté de la plaine venait de sauter. Cette explosion fut suivie d'une autre, qui eut lieu vers neuf heures et qui amena la destruction d'un des points fortifiés de la côte; elle était causée par un des boulets rayés partis de nos canonnières.

Épouvanté par deux explosions successives, pressé du côté de la terre par les armées alliées qui entouraient les positions, placé enfin sous le feu incessant de l'artillerie des canonnières, l'ennemi ne chercha pas plus longtemps à prolonger sa défense. Le pavillon parlementaire fut arboré vers onze heures sur tous les forts, où quelques instants auparavant flottaient de nombreux étendards, et les Chinois demandaient à capituler, offrant de remettre leurs positions entre les mains des commandants en chef.

Dans cette journée, nos troupes et nos équipages ont été pleins d'ardeur et d'entrain; celles de nos dignes alliés et leur marine ont rivalisé avec les nôtres, et l'accord le plus parfait n'a cessé de régner entre les forces des deux nations unies pour la même cause.

Dans la soirée du même jour, on a commencé à détruire les estacades et tous les obstacles qui s'opposaient à la navigation, et le lendemain, 22 août, à neuf heures du matin, une passe assez large était pratiquée pour permettre aux petits bâtiments de le remonter. La canonnière n° 27, commandée par M. Dol, y entra la première, et alla se mettre en communication avec le quartier général de Sin-Kho.

Les estacades construites par les Chinois à l'embouchure du Peï-Ho méritent d'être décrites. On en comptait six : c'était d'abord une rangée de forts pieux en bois alignés à l'extérieur des forts, puis un double barrage de piquets en fer, dont chaque pièce, d'un poids énorme, profondément enfoncée dans le sol, ne laissait paraître que sa pointe aiguë au moment de la basse mer ; quelques-unes de ces pièces, de la grosseur d'une forte tige d'ancre, sont estimées être d'un poids de 15 à 20 tonneaux ; une troisième estacade était formée de cylindres flottants reliés entre eux et fixés aux rives par de fortes chaînes ; la quatrième était en tous points semblable, pour la forme, à la seconde, mais composée de pièces moins fortes ; enfin les deux dernières étaient composées d'un assemblage de bateaux ou de madriers rattachés par des chaînes et des câbles aboutissant aux deux bords du fleuve, où les extrémités étaient solidement établies.

Veuillez agréer, etc.

Le vice-amiral commandant en chef les forces navales françaises dans les mers de la Chine,

CHARNER.

A bord de *l'Alarme*, Tien-tsin, 25 août

Le 23 août, vers dix heures du matin, au moment où la marée était favorable, j'entrais dans le Péï-Ho avec les canonnières *l'Alarme*, sur laquelle j'avais placé mon pavillon, *la Mitraille* et les petites canonnières en fer n°s 12 et 27, précédé de quelques heures par l'amiral Hope, parti également avec quatre ou cinq de ses bâtiments légers.

Le fleuve, trop étroit en beaucoup d'endroits, ses sinuosités brusques et d'un passage difficile pour les bâtiments d'une certaine force et du tirant d'eau de nos grandes canonnières, retardèrent ma marche par des échouages fréquents, et malgré mes efforts, je ne parvins à mouiller que le lendemain matin de mon départ dans les eaux qui coulent au pied du Tien-tsin.

Les mandarins et les notables de la ville, à l'approche des premiers bâtiments, vinrent au-devant d'eux, déclarant que la population faisait son entière soumission, et demandèrent en même temps que les habitants et les propriétés fussent placés sous la protection des alliés, qui prirent possession de la ville au nom de la France et de l'Angleterre, et arborèrent leurs pavillons sur son principal édifice.

Une proclamation de chacun des amiraux fut de plus affichée sur les murs de la ville, engageant la population à la tranquillité et lui assurant le respect des personnes et de leurs biens.

D'après les renseignements que j'ai pu obtenir, l'esprit de la population de Tien-tsin ne paraît pas nous être hostile.

Un corps de 1,800 hommes, composé mi-partie de troupes françaises et anglaises, suffit pour assurer sa sécurité et mettre notre position à l'abri de toute tentative inquiétante, dans le cas où le gouvernement chinois en viendrait de nouveau aux hostilités.

Veuillez agréer, etc.

Le vice-amiral commandant en chef les forces navales françaises dans les mers de la Chine,

CHARNER.

A la suite de la prise des forts de Ta-Kou, les ambassadeurs de France et d'Angleterre s'étaient immédiatement transportés à Tien-tsin, où, après une courte négociation avec le commissaire impérial Kouei-Liang, un projet de convention avait été arrêté dans le but de rétablir la paix entre les gouvernements français et anglais et le gouvernement chinois. Ce dernier, cédant sur tous les points aux demandes des puissances alliées, se déclarait prêt à accepter l'ultimatum que la France et l'Angleterre lui avaient présenté au mois de mars dernier, et déjà M. le baron Gros et lord Elgin se disposaient à se rendre à Pékin avec une escorte convenable pour y échanger les ratifications du traité du 27 juin 1858 et y procéder à la remise, entre les mains de l'empereur, de leurs lettres de créance, lorsque le commissaire chinois, alléguant tout à coup le manque de pleins pouvoirs, s'est refusé à signer les préliminaires déjà acceptés par lui, et a déclaré aux ambassadeurs qu'il ne pouvait traiter qu'*ad referendum*.

Un pareil procédé accusait, chez le négociateur chinois, un défaut de bonne foi qui devait nécessairement blesser les plénipotentiaires de la France et de la Grande-Bretagne. Il fut immédiatement résolu, d'un commun accord, entre le baron Gros et lord Elgin, qu'on y répondrait en faisant avancer les forces alliées jusqu'à Ting-Tchou, grande ville située sur la route de Pékin et à 4 lieues de cette capitale. Là seulement on se déclarerait disposé à écouter les propositions des commissaires impériaux, mais cette fois avec de pleins pouvoirs réels.

A la suite de cette résolution prise le 8 septembre 1860, l'escorte qui devait accompagner les ambassadeurs à Pékin a dû se transformer en un corps de troupes suffisant pour convaincre le gouvernement chinois de la ferme volonté des puissances alliées d'atteindre le but qu'elles se sont proposé.

Les dernières informations et notamment une dépêche de M. le général Grant, datée du 27 septembre 1860, et parvenue d'Aden par le télégraphe au gouvernement de Sa Majesté britannique, autorise pleinement à espérer qu'un nouveau recours aux armes n'aura pas été nécessaire, et que le gouvernement chinois se sera hâté de sanctionner les conditions déjà consenties par les plénipotentiaires.

« *Le Moniteur* du 14 novembre a fait connaître dans quelles circonstances les ambassadeurs de la France et de la Grande-Bretagne en Chine avaient dû prendre la résolution de faire avancer les forces alliées jusqu'à Tong-Tchou à quatre lieues de Pékin.

« Le baron Gros et lord Elgin s'étaient à peine mis en marche qu'ils recevaient dépêches sur dépêches de nouveaux commissaires chinois qui les suppliaient de demeurer à Tien-tsin, où ces commissaires, Tsaï, prince d'Y'Tsin, et Muh, ministre de la guerre, annonçaient qu'ils allaient se rendre immédiatement, munis cette fois des pleins pouvoirs nécessaires. Après ce qui s'était passé à Tien-tsin, les ambassadeurs ne pouvaient que réitérer leur déclaration qu'ils se dirigeaient sur Tong-Tchou, prêts à y reprendre les négociations si les commissaires chinois justifiaient de leurs pouvoirs, mais décidés, dans le cas contraire, à marcher immédiatement sur Pékin.

« Le prince répliqua par un message plus pressant, dans lequel il annonçait que le gouvernement chinois accédait à tout ce qu'on avait exigé de lui, et demandait que, dès lors, les forces alliées s'arrêtassent à six milles en avant de Tong-Tchou, où les commissaires chinois attendaient le baron Gros et lord Elgin pour y signer avec eux la convention préparée à Tien-tsin, après quoi les deux ambassadeurs iraient à Pékin procéder, avec une escorte de 1,000 hommes, à l'échange des ratifications.

« Le comte de Bastard, secrétaire de l'ambassade française, fut envoyé, à la suite de cette communication, à Tong-Tchou, où il trouva en effet, le 18 septembre, les deux plénipotentiaires chinois, qui convinrent avec lui de tout ce qui touchait à la signature de la convention. Mais, au moment où M. de Bastard revenait, ce même jour, rendre compte de sa mission et où les troupes arrivaient elles-mêmes à Chang-Kia-Wang, sur la limite indiquée pour leur bivouac, ces dernières se trouvaient en présence d'une force tartare de 15 à 20,000 hommes, qui, démasquant soudainement 70 pièces de canon, ouvraient aussitôt le feu contre elles.

« Malgré la surprise d'une attaque aussi inattendue et aussi odieuse, il ne fallut qu'une heure aux troupes alliées pour enlever, avec des pertes très-minimes, tout ce qui était devant elles, et mettre dans la plus complète déroute l'ennemi, qui laissa 1,500 des siens sur le champ de bataille.

« Les plénipotentiaires chinois paraissent avoir été étrangers à la préparation de ce guet-apens, que l'intraitable ennemi des étrangers, San-Koli-tsin, semble avoir seul conçu et exécuté.

« On avait eu un instant des inquiétudes sur le sort de plusieurs personnes qui, ayant pris les devants sur l'armée, étaient dans Tong-Tchou lorsque l'affaire de Chang-Kia eut lieu.

« On a heureusement acquis la certitude, par des informations postérieures, qu'elles avaient simplement été emmenées à Pékin, où elles reçoivent le meilleur traitement. Ces personnes sont, du côté des Français, outre quelques hommes d'escorte, le colonel de Grandchamps, l'abbé Duluc, interprète du général de Montauban, et M. d'Escayrac de Lauture; du côté des Anglais, M. Parkes, interprète de lord Elgin, M. Lock, son secrétaire, et M. Bowlbey, correspondant du *Times*.

« Après le succès qui venait d'être si inopinément remporté, et aucune explication n'ayant été envoyée ni au camp allié ni aux ambassadeurs par les commissaires chinois, les forces franco-anglaises laissèrent à leur droite Tong-Tchou, qu'elles savaient complétement abandonné, pour se porter sur Pékin, où elles avaient appris qu'il avait été formé à Palikiao, trois lieues en avant de cette capitale, un camp considérable défendu par une nombreuse artillerie, par le canal qui relie le Péï-Ho à Pékin, et commandé par San-Koli-tsin avec l'élite de ses troupes.

« Le 21 septembre, à sept heures du matin, la lutte s'engageait; à trois heures, le camp tartare était enlevé, et Son-Koli-tsin, après y avoir perdu un monde énorme, y laissait toutes ses tentes. Le gouvernement de l'Empereur n'a pas encore reçu les rapports relatifs à l'affaire du 18 de Chang-Kia, il n'en connaît que le résultat principal ; mais le rapport du général de Montauban sur la bataille du 21, a Palikiao, vient de lui parvenir, et on en lira ci-dessous les émouvants détails.

« Le lendemain de la victoire si glorieusement gagnée par les forces alliées, le frère aîné de l'empereur, Kong, écrivait aux ambassadeurs pour leur annoncer que Tsaï et Muh étaient destitués, et que lui, prince de la famille impériale, était nommé commissaire impérial pour conclure la paix. Le baron Gros et lord Elgin venaient de lui répondre, à la date des dernières informations, que, avant de suspendre les hostilités ou d'entrer en pourparlers avec lui, il fallait que les Européens retenus à Pékin fussent renvoyés au camp allié. Les ambassadeurs comptaient sur une réponse salutaire, et ce temps d'arrêt procurait un repos favorable aux troupes, dont les escadres assuraient facilement le ravitaillement par la voie du Péï-Ho. »

Rapport adressé au ministre de la guerre par le général commandant en chef le corps expéditionnaire français en Chine (1).

Bivouac de Ko-at-sun, le 19 septembre 1860.

« MONSIEUR LE MARÉCHAL,

« J'ai fait part à Votre Excellence des singulières circonstances politiques qui avaient déterminé la marche d'une partie de l'armée alliée sur Pékin.

« Le 10 courant, je me mis en route avec la brigade Jamin et deux batteries d'artillerie pour appuyer les ambassadeurs, qui avaient résolu de ne plus traiter qu'à Tung-Chaou, à quatre lieues de la capitale. A peine avions-nous fait une marche en avant, que le prince Tsaï, membre de la famille impériale, et le ministre de la guerre de l'Empire, Mou, écrivirent aux ambassadeurs qu'ils avaient les pleins pouvoirs de l'empereur pour traiter suivant les bases arrêtées à Tien-tsin, et qu'ils se rendaient au-devant des armées alliées pour conclure la paix définitivement.

« Malgré ces nouvelles protestations, les ambassadeurs et les alliés avancèrent jusqu'à Hose-wou, ville située à environ trente kilomètres de Tung-Chaou.

« Des communications diplomatiques ayant été de nouveau échangées, les ambassadeurs firent savoir aux

(1) Ce rapport n'a été publié par le *Moniteur* que le 6 décembre.

commandants en chef alliés que tout était terminé; que, par suite d'une convention définitive, les forces militaires s'arrêteraient à environ deux lieues de Tung-Chaou; que les entrevues avec les commissaires impériaux auraient lieu dans cette ville, et qu'enfin une escorte d'honneur accompagnerait les ambassadeurs à Pékin, pour y échanger les ratifications.

« La conduite du gouvernement chinois à Tien-tsin ne m'avait pas donné lieu de croire d'une manière absolue à ces nouvelles protestations. Cependant, après les assurances qui m'avaient été données de toutes parts, je me décidai à envoyer à Tung-Chaou le sous-intendant Dubut, le colonel de Grandchamps, le capitaine Chanoine et les officiers d'administration Ader et Gagey; ils étaient accompagnés par le missionnaire Duluc, et avaient pour mission de rassembler les approvisionnements nécessaires aux besoins de l'armée pendant le séjour qu'elle allait faire à Tung-Chaou. Ces officiers se mirent en route avec l'interprète anglais, M. Parkes, et d'autres officiers anglais chargés par le général sir Hope Grant de la même mission.

« Le même jour, 17 septembre, je partis de House-Wou avec 600 chasseurs à pied du 2e bataillon, une compagnie du génie, une compagnie d'élite du 101e et du 102e, une batterie de 4, en tout, 1,100 hommes; et j'avais appelé de Tien-tsin le général Collineau, qui devait me rejoindre, avec les troupes choisies dans sa brigade, pour aller en députation d'honneur à Pékin. Je laissai à Hou-se-Wou le reste de la brigade Jamin, avec une batterie de 12, pour y garder les approvisionnements que j'attendais de Tien-tsin.

« Depuis quelques jours, au milieu de ce pays si fertile que nous traversions, le vide se faisait autour de nous, et toutes les habitations étaient fermées dans les villes et villages. J'espérais qu'après Hou-se-Wou il en serait autrement, puisque les chefs du gouvernement chinois nous attendaient pour conclure la paix. Mon attente a été trompée. Le 17 septembre, je bivouaquais en dehors du village de Ma-tou, abandonné comme les autres. Le 18 au matin, la colonne anglaise, prenant son tour de marche, nous précéda; nous nous rendions au bivouac définitif arrêté par les conventions, où devaient nous avoir précédés une partie des officiers envoyés à Tung-Chaou.

« Nous, avions à peine fait 8 kilomètres que le général en chef, sir Hope Grant, me fit connaître qu'il avait devant lui une grande force tartare; je me rendis immédiatement auprès de lui. Un mandarin de haut rang arriva au point où s'était arrêtée la colonne anglaise, nous assura que c'était un malentendu, et nous pria de nous arrêter. M. Parkes retourna à Tung-Chaou pour demander des explications au prince Tsaï, et l'éloignement des troupes chinoises.

« Pendant ce temps, j'étais rejoint par le capitaine d'état-major Chanoine, qui me donna l'assurance qu'il venait de traverser toute l'armée tartare établie entre nous et Tung-Chaou; ces troupes avaient voulu s'opposer à son passage, mais il fit comprendre aux mandarins militaires qu'il avait été la veille en ville pour une mission toute pacifique, et qu'il rentrait dans les mêmes conditions.

« Quelques instants après, l'officier d'administration Gagey arrivait auprès de moi et m'annonçait que nous avions devant nous 15,000 cavaliers et une grande quantité de fantassins dont la mèche des mousquets était allumée. De tous côtés on apercevait la poussière soulevée par les pieds des chevaux ; nous étions évidemment en présence d'une situation des plus sérieuses avec des forces minimes ; nous convînmes avec le général Grant qu'on attendrait le retour de M. Parkes avant de se mettre en marche pour se frayer un passage.

« Je pris immédiatement des dispositions militaires ; je plaçai le petit corps que j'avais à ma disposition en potence à la droite des forces anglaises ; les troupes étaient déployées, couvertes par les tirailleurs, séparées entre elles par la batterie de 4 faisant face au village boisé de Vatson, occupé par l'extrême gauche de l'armée tartare. Nos chasseurs et spahis étaient à quelques pas de l'ennemi. Le général sir Hope Grant avait mis à ma disposition un escadron de cavaliers sicks.

« J'attendais les événements dans cette situation. Vers dix heures, ayant entendu trois coups de canon vers le centre de la colonne anglaise, je commençai à exécuter le mouvement dont j'étais convenu avec le général Grant : il consistait à m'emparer de ce premier village en le tournant par ma droite, en même temps qu'il serait attaqué de front, et à ramener, une fois ce village dépassé, toute l'armée tartare vers le centre de l'armée anglaise.

« Ce mouvement s'exécuta sans la moindre hésitation ; le village fut enlevé et tourné avec une vigueur remarquable ; chacun comprenait qu'il n'y avait pas un pas à faire en arrière en présence de forces si nombreuses. Pendant que je dirigeais avec le général Jamin le mouvement tournant, mon chef d'état-major, le colonel Schmitz, traversait le village par la gauche et plaçait l'artillerie sur une position dominante, d'où le colonel de Bentzmann, appuyé par les chasseurs à pied, ouvrit immédiatement un feu des plus vifs contre les masses ennemies que je continuais à tourner par la droite, et dont une partie occupait un second village boisé comme le premier (Le-Ossou).

« Je lançai, à ce moment, l'escadron de Sicks et le détachement de chasseurs et de spahis ; j'avais donné le commandement de cette cavalerie au colonel Foley, commissaire anglais. Ces cavaliers furent accueillis au détour de ce second village par un feu très-violent. Le lieutenant de Damas tomba frappé mortellement d'une balle, le sous-lieutenant d'Estremont fut blessé au même instant ; mais les Sicks et notre cavalerie n'en continuèrent pas moins leur charge et jonchèrent le terrain de cadavres.

« Le détachement de cavalerie française s'empara dans ce mouvement de 5 pièces d'artillerie. La compagnie de grenadiers du 101ᵉ, celle du 102ᵉ et celle du génie, conduites sur la trace de la cavalerie, enlevaient le village ; le colonel Pouget les entraînait avec une vigueur que je suis heureux de vous signaler. 18 drapeaux, 2 pièces de canon, une grande quantité de gingoles restèrent au pouvoir de cette troupe. L'artillerie suivait le mouvement au centre, toujours appuyée à gauche par les chasseurs à pied.

« Ce deuxième village fut franchi, et, à partir de ce moment, je dirigeai mes troupes de manière à refouler l'ennemi sous le canon des Anglais. Les masses que nous poussions devant nous étaient énormes. L'artillerie, les chasseurs et les autres troupes d'infanterie rivalisaient d'ardeur et les écrasaient de leurs feux. Je suivis, pendant plus de trois kilomètres, une digue sur le bord d'un canal, sur laquelle nous pûmes compter environ 60 pièces de bronze mises en position derrière la digue, et que notre artillerie enfilait successivement : enfin, je rejoignis, de cette manière, le centre des forces anglaises, et les Tartares disparurent de la plaine.

« L'infanterie était en route depuis cinq heures du matin, avec six jours de vivres dans le sac, sous un soleil ardent, il était près de deux heures ; je la fis arrêter et je pris position à Ko-at-Sun, à sept kilomètres de Tung-Chaou.

« Les pertes de l'ennemi ont été considérables ; les nôtres seraient de peu d'importance sans la mort du brave lieutenant de Damas. Le colonel Foley, commissaire anglais auprès de ma personne, a eu son cheval percé de trois balles. Il a été d'une bravoure éclatante dans la charge fournie par les Sicks.

» Je ne veux pas terminer ce rapport sans vous dire, Monsieur le maréchal, toute la glorieuse satisfaction que j'ai éprouvée à diriger cette poignée de braves contre ces hordes conduites au combat par des chefs perfides. Un immense succès pour nos armes a été la conséquence de la trahison et de la félonie du gouvernement chinois, qui nous avait attirés, avec des assurances de paix, auprès de sa capitale, avec des forces qu'il croyait insignifiantes.

« J'adresse à Votre Excellence l'ordre général de l'armée que j'ai donné aux troupes à la suite de l'affaire du 18. Le général Jamin m'a secondé avec l'énergie que vous lui connaissez.

« Nous avons pris 80 pièces de canon, dont une partie en fonte et une partie en bronze ; nous avons aussi enlevé quantité de bannières des différents corps des troupes impériales.

« Le courrier anglais part, et je suis tellement pressé, Monsieur le maréchal, que je n'ai que le temps de vous adresser ce rapport ; par le prochain courrier français, j'aurai l'honneur de vous envoyer un état de propositions et un rapport particulier.

« Recevez, etc.

« *Le général commandant en chef*,

« DE MONTAUBAN. »

Rapport du général commandant en chef le corps expéditionnaire en Chine à S. Exc. le maréchal ministre de la guerre.

Bivouac de Palikiao, 12 kilomètres de Pékin, 21 septembre 1860.

« MONSIEUR LE MARÉCHAL,

« La victoire du Chang-Kia nous avait vengés de la félonie du gouvernement chinois. Je devais donc m'attendre à recevoir à mon bivouac des explications sur les causes qui avaient pu amener la lutte du 18. Aucune communication n'eut lieu cependant, et des renseignements recueillis pendant les journées du 19 et du 20 m'apprirent que l'armée tartare occupait des camps préparés de longue main et situés à cheval sur la grande route de Pékin, à deux lieues seulement en avant de nous.

« Ces dispositions nouvelles révélaient une direction énergique et habile. Elle était due au prince San-Koli-tsin, qui défendit l'année dernière les forts du Péï-Ho, et qui, sous le titre de sen-wang, commande les forces de l'Empire. Pendant la première phase de nos opérations, à l'embouchure du Péï-Ho, nous n'avions pas acquis de preuves certaines de sa présence. Mais la résistance inattendue qui s'était produite et les rapports des espions ne permettaient plus de douter que le sen-wang, chef du parti de la guerre, ne voulût couvrir en personne, jusqu'à la fin, les approches de la capitale.

« Dans la journée du 20 nous résolûmes, le général en chef anglais et moi, d'attaquer l'ennemi le lendemain. Je fis étudier par le capitaine d'état-major de Cools, de concert avec les officiers d'état-major anglais, les positions qu'occupait l'armée tartare.

« En avant de nos bivouacs de Chang-Kia-Wang, nous avions, à cinq kilomètres environ, la grande ville de Tong-Tchou (400,000 âmes) qui est reliée à Pékin par une voie de granit de 12 kilomètres, ouvrage des anciennes dynasties.

« Cette route traverse, au village de Palikiao et sur un grand pont de pierre, le canal qui joint le Péï-Ho à Pékin. Nous résolûmes de négliger Tong-Tchou, où il n'y avait plus un seul soldat, pour nous porter sur ce pont que nous savions occupé, en avant et en arrière, par les camps du sen-wang. L'armée française devait marcher directement au pont, tandis que l'armée anglaise, déployée à sa gauche, chercherait un point de passage plus près de Pékin.

« Le 21, à cinq heures et demie du matin, je passai en avant de l'armée anglaise, où mon tour de marche m'appelait, et je laissai mes bagages sous la protection de deux compagnies d'infanterie dans un village situé à une lieue en avant de Chang-Kia-Wang. Je m'avançai ensuite jusqu'à environ 3 kilomètres de Palikiao, et nous rencontrâmes en ce point les pre-

mières vedettes tartares. Je pris alors les dispositions suivantes :

« Une petite colonne d'avant-garde, composée d'une compagnie du génie, de deux compagnies de chasseurs à pied, d'un détachement de pontonniers, d'une batterie de quatre et de deux pelotons d'artillerie à cheval, reçut l'ordre de se porter en avant sous le commandement du général Collineau. Le général Jamin, avec le reste du bataillon de chasseurs à pied, des fuséens, la batterie de 12 et le 101e de ligne, suivit le mouvement. L'avant-garde se trouva bientôt arrêtée devant de fortes masses de cavalerie qui débordaient à sa gauche, à la hauteur de laquelle l'armée anglaise n'était pas encore arrivée.

« Le général Collineau s'arrêta et mit ses pièces en batterie. Je m'apprêtais à le soutenir avec le reste de mes troupes, lorsqu'un feu d'artillerie assez nourri s'ouvrit tout à coup sur ma droite.

« Mon chef d'état-major général, le colonel Schmitz, se porta de lui-même en avant, dans la direction du canon de l'ennemi, et vint me rendre compte que le point d'où partait la canonnade semblait être le centre de sa première ligne de défense.

« Cet officier supérieur n'hésita pas à désigner ce point comme indiquant la véritable position du pont, qui devait nous être caché longtemps encore par les groupes de maisons entourées d'arbres et par des masses profondes qui entouraient ses abords. J'ordonnai au général Jamin de faire déployer à droite, face au canon, le bataillon de chasseurs, les fuséens, la batterie de 12, et de faire avancer le plus promptement possible, pour former notre droite, les bataillons du 101e.

« Ce mouvement laissait entre le petit corps du général Collineau et moi un intervalle qu'il était urgent de remplir. J'envoyai le chef d'escadron Campenon, de l'état-major général, porter l'ordre à ses troupes de se rabattre sur nous ; mais cet ordre ne put s'exécuter avant l'entrée en ligne de l'armée anglaise, car, en ce moment, la cavalerie ennemie débordait nos deux ailes.

« Le sen-wang profita habilement de ces circonstances pour charger en masse, en nous enveloppant de toutes parts. Au centre, la charge, répétée plusieurs fois avec des cris sauvages, fut repoussée par les fuséens, la batterie de 12 et les chasseurs à pied. A la gauche, elle vint se briser contre la petite poignée d'hommes du général Collineau, devant la précision du tir de la batterie Jamont, et devant la cavalerie anglaise qni débouchait sur le champ de bataille. Les cavaliers tartares échouèrent également à notre droite, où ils furent reçus par le 101e de ligne, disposé avec habileté et sang-froid par son chef, le colonel Pouget.

« Comme le 18, nos troupes étaient sorties victorieuses de ce cercle de cavaliers. Ces charges repoussées, la position de ma gauche, où l'armée anglaise venait de se déployer, ne me laissait plus d'inquiétude.

Je pouvais rapprocher de moi le petit corps du général Collineau, et je lui ordonnai, par un mouvement de conversion à droite, de tourner le village de Palikiao, en gagnant le bord du canal, tandis que le général Jamin attaquerait de front en marchant droit au pont; le village, abordé avec la plus grande vigueur, fut défendu pied à pied par l'infanterie chinoise. On ne peut réellement expliquer que par l'infériorité de son armement les pertes peu considérables qu'un ennemi aussi nombreux et aussi tenace nous a fait subir.

« Mais la prise du village ne devait pas terminer la lutte. Pendant que le général Collineau, arrivé sur le bord du canal, apercevait le pont de Palikiao et le prenait d'écharpe avec son artillerie, j'ordonnai au colonel de Bentzman de faire avancer les fusées et la batterie de 12 pour battre le pont d'enfilade et pour tirer sur les pièces qui le défendaient. Notre infanterie, marchant de maison en maison, était parvenue à s'emparer de celles qui sont sur le bord du canal, et couvrait de son feu tous les abords.

« En ce moment le pont de Palikiao offrit un spectacle qui certainement est un des épisodes les plus remarquables de la journée.

« Tous les cavaliers, si ardents le matin, avaient disparu. Sur la chaussée du pont, monument grandiose d'une civilisation vieillie, des fantassins richement vêtus agitaient des étendards et répondaient à découvert par un feu, heureusement impuissant, à celui de nos pièces et à notre mousqueterie. C'était l'élite de l'armée, qui se dévouait pour couvrir une retraite précipitée.

« Au bout d'une demi-heure, le feu concentré de nos batteries fit taire le canon de l'ennemi. Le général Collineau, joignant à son avant-garde la compagnie du 101e du capitaine de Moncets, passa le pont. Il s'engagea sur la droite de la route de Pékin, dans la direction prise par la masse des fuyards, et je le suivis avec le reste de mes troupes. Il était midi, et depuis sept heures du matin nous n'avions pas cessé de combattre. L'ennemi avait disparu dans un état de désorganisation complète, couvrant de ses morts le champ de bataille. J'ordonnai de faire halte, et, après deux heures de repos, mes troupes étaient établies dans les camps et sous les tentes des soldats du sen-wang, à 12 kilomètres de Pékin.

« Les journées du 18 et du 21 ont valu aux armées alliées 100 pièces de canon.

« En terminant ce rapport, je sens bien, Monsieur le maréchal, que la plume est impuissante à donner une idée vraie de ce qui se passe autour de nous.

« L'ennemi nous entourait à perte de vue ; les rapports des prisonniers et des espions, reçus après ma première dépêche, pour ne pas parler des plus exagérés, varient, dans l'évaluation des forces chinoises, de 40 à 60,000 hommes.

« Tout cela est si étrange que, pour se rendre compte de nos succès, il faut remonter bien haut dans le passé, et se rappeler les victoires constantes de quelques poignées de soldats romains sur les hordes barbares.

« Je ne peux pas décerner de nouveaux éloges aux troupes que je commande. Je prie Votre Excellence d'appeler sur tous la bienveillance de l'Empereur et l'intérêt du pays. Ci-joint l'ordre général n° 95 et l'état des tués et blessés.

« Agréez, Monsieur le maréchal, etc.

« DE MONTAUBAN. »

NEUVIÈME LETTRE

Les alliés à Pékin. — Dissertations humoristiques. — M. D'Escayrac et ses compagnons de captivité. — Retour rétrospectif vers le palais d'été. — Menus propos d'une vieille moustache.

Pékin, le 19 octobre.

Est-ce un rêve? suis-je bien à Pékin? — J'ai besoin de me tâter pour croire à la réalité.

Enfin, bon gré mal gré, je suis bien obligé de me rendre à l'évidence et de me dire encore une fois : « Oui, tu es à Pékin; oui, tu es en vie ; oui, tu te portes bien... » Je vous fais grâce du reste de mon monologue.

C'est le 13 courant que la ville de Pékin s'est rendue à l'armée alliée, après avoir fait une soumission complète. Déjà, quelques jours auparavant, nous nous étions emparés de deux portes de la ville extérieure et du superbe palais d'été de Sa Majesté chinoise appelé ici (je suis en train d'apprendre le chinois), *Yuan-*

ming-Yuen (jardin rond resplendissant); mais cela ne nous suffisant pas, nous sommes venus planter nos pénates à Pékin même, d'où j'ai présentement le plaisir de vous écrire ces lignes.

L'empereur et l'armée tartare ont eu la prudence de prendre la clef des champs. Il n'y a donc plus d'ennemis à Pékin. Malgré cela, nous sommes campés sous les murs de la ville, nos chefs n'ayant pas voulu nous laisser seuls au milieu d'une population de trois millions d'habitants; — ce qui ne m'a pas empêché, vous devez bien le penser, d'aller faire une petite promenade sentimentale dans la capitale du trop Céleste Empire.

Le baron Gros et lord Elgin viennent d'arriver. Or, sans être curieux, je serais bien aise de savoir avec qui ils comptent traiter; car enfin, je suppose que si le Fils du ciel s'est enfoncé dans la Mantchourie, ce n'est pas pour souscrire à toutes nos conditions : quelque bon prince qu'on soit, on n'accepte pas de gaîté de cœur une leçon semblable à celle que nous venons de lui donner; et m'est avis que le nommé Chienn-Feung (style de soldat) n'a pas eu d'autre but en se sauvant si loin, que de gagner du temps sur vos très-humbles servantes, « les forces alliées de France et d'Angleterre. » Cependant, mon esprit se refuse à voir une ruse de guerre dans cet éloignement : qu'est-ce donc alors? Eh! mon Dieu! j'aperçois tout simplement là-dessous une ficelle de la tactique ordinaire du chinois, ou, si vous aimez mieux, un piége d'origine diplomatique. Au reste, *qui vivra verra*. Laissons là les Metternich du pays et causons d'autre chose.

MM. d'Escayrac (1), Parkes et Loch ont été mis en liberté ; treize soldats ont été aussi mis en liberté. MM. Anderson et Norman sont morts pendant leur captivité. Il reste peu d'espoir relativement à l'abbé Duluc et aux officiers et soldats des deux camps qui sont encore détenus.

Avant-hier, a eu lieu dans le cimetière russe l'inhumation des Anglais morts entre les mains de l'ennemi. Le général Ignatieff assistait à cette triste cérémonie.

L'enterrement du colonel Foullon-Granchamps, du sous-intendant Dubut, du comptable Ader et de quatre soldats français doit avoir lieu tantôt, en présence de plusieurs détachements des corps alliés.

Il est impossible, paraît-il, de se faire une idée de la barbarie avec laquelle on a traité les victimes du guet-apens de Tung-Chaou. Celles d'entre ces victimes qui ont pu revenir ici sont dans un état pitoyable ; elles ont, dit-on, le corps couvert d'ulcères et de cicatrices. M. d'Escayrac serait de ce nombre.

Comme vous entendrez sans doute parler en France du fameux palais d'été de l'empereur chinois (*Yuen-Ming-Yuen*, retenez ce nom-là, si vous pouvez), il est

(1) Nous publions à l'*appendice* un récit de la captivité de M. le comte d'Escayrac de Lauture, chargé d'une mission scientifique en Chine.

bon que je vous rapporte en peu de mots ce qui s'est passé à son sujet :

Un beau matin, au nombre de douze ou quinze cents hommes, Français et Anglais, nous voilà partis sur la route de Pékin.

A moitié chemin, nous perdons nos alliés, — que faire ? — Retourner sur ses pas à la recherche d'*iceux* ? Battre la caisse dans les villages environnants, et promettre une récompense honnête à celui ou celle qui nous les ramènerait ? Cela était tout bonnement impossible. D'abord, parce que le soldat français va *toujours en avant*, et ensuite, parce que le système de *la réclame* introduit chez nous est complétement inconnu en Chine.

Nous continuons donc notre chemin comme si de rien n'était.

Vers sept heures du soir, nous arrivons devant le palais impérial, gardé par une bande de Tartares. Notre général nous dit d'avancer. Nous obéissons ; mais aussitôt l'ennemi ouvrant le feu, nous blesse deux officiers et quelques soldats. Ne voulant rien devoir à personne, nous répondons généreusement à cette provocation, et au même instant, plusieurs Tartares tombent devant nous.

Une fois maître de la position, le général de Montauban la fait garder par quelques-uns de nous. Puis, le général Grant et lord Elgin étant arrivés, ces Messieurs procèdent amiablement entre eux au pa tage des objets les plus précieux renfermés dans ce palais. Cela fait, chacun s'en fut se coucher, exactement comme dans la chanson de Marlborough.

Le lendemain, le bruit courait dans notre camp que les officiers anglais s'étaient volontairement trompés de chemin, afin d'arriver avant nous au palais d'été.

« Dans quel but? demandait un jeune voltigeur.

— Comment, jeune homme, répondait une vieille moustache, vous demandez dans quel but? »

Par les cendres de ma pipe! je m'imagine que c'était pour y faire des magots; et, nonobstant les lois de la hiérarchie, je défie mon Empereur de m'enlever cette croyance politique.

« Voyez-vous, mes amis, reprit notre homme, — il y a une notable différence entre le Français et l'Anglais. — Nous autres, nous nous battons pour la gloire, et quelquefois même, uniquement pour le plaisir de nous battre. — Le fils d'Albion, au contraire, homme positif, ne se bat jamais que dans l'espoir de faire du butin ou de ramasser les objets perdus. A bon entendeur, salut!.... »

Toujours est-il que les Anglais, pour se venger de leur déception, n'ont trouvé rien de mieux à faire que de brûler le palais qu'ils espéraient piller. Appelez cette action du nom qu'il vous plaira; pour moi, je l'appelle *vandalisme*.

Je reviens à Pékin, qui est une bien vilaine et bien

sale ville. Ah! que je m'étais trompé en me faisant d'elle une si trompeuse idée !

Un paysan de la basse Normandie, venu à Paris pour visiter l'Exposition universelle, avouait sa préférence pour le tourniquet de la porte d'entrée. Eh bien ! toute comparaison mise de côté, — je déclare que ce qu'il y a de plus curieux dans Pékin, ce sont des remparts sur lesquels trois voitures peuvent passer de front.

Ici, rien de curieux, rien de beau, rien de grandiose. Les rues sont peut-être un peu plus larges que celles des autres villes; mais rien n'y donne cet attrait que nous sommes habitués en France à trouver dans les rues de la moindre de nos bourgades.

Quant aux maisons, quoique ornées extérieurement de magnifiques dorures et sculptures sur bois, elles sont généralement de si pauvre apparence, que je cherche en vain dans cette ville les signes d'une civilisation réelle ou d'un progrès quelconque.

Adieu, mes bons amis, je me porte bien et je souhaite, comme l'on dit chez nous, que la présente vous trouve de même.

J'ai essayé dans mes précédentes de vous tenir au courant de nos opérations stratégiques. J'espère qu'elles vous seront parvenues. En tous cas, vous aurez toujours la ressource des journaux pour y suppléer.

Encore adieu, et, cette fois, à la hâte; car le vent

du nord est si froid, qu'il me force à rentrer dans ma casemate.

Nous joignons à cette lettre le rapport du général en chef sur les derniers événements.

Quartier-général devant Pékin,
le 12 octobre 1860.

Monsieur le maréchal,

J'ai l'honneur de vous adresser aujourd'hui, à tête reposée et d'une manière plus complète, le récit des derniers événements que je vous ai fait connaître très-succintement par ma lettre du 8 octobre courant.

Ainsi que je l'annonçais à Votre Excellence par ma lettre (cabinet n° 110) datée du 3, de Paly-Kya-Ho, l'armée a quitté cette position le 5 pour se porter sur Pékin. J'avais laissé à Paly-Kya-Ho, pour assurer mes communications avec le Peï-Ho, trois compagnies dans une bonne position de défense, avec l'ambulance et une partie de l'administration, et m'étais mis en route avec le surplus de l'expédition et une ambulance légère, et cinq jours de vivres.

Je suis allé asseoir mon camp, le même jour, dans un grand village, à trois lieues en avant de Paly-Kya-Ho, direction de Pékin, dont je n'étais plus qu'à

6,000 mètres environ; de mon camp, on découvrait parfaitement la ville, ainsi que je l'avais déjà su par une grande reconnaissance que j'avais fait faire la veille. Quelques cavaliers tartares étaient en vue de mes avant-postes, mais ils n'approchèrent pas.

Le 6 au matin, nous reprîmes, le général anglais et moi, notre marche sur Pékin, après nous être formés sur deux colonnes chacun, car le pays est très-couvert et traversé dans tous les sens par des routes, dont quelques-unes sont carrossables, et d'autres aboutissent à des impasses; je n'ai jamais vu de pays plus difficile pour des colonnes marchant avec de grosse artillerie.

Après deux heures d'une marche assez pénible, nous arrivâmes à 2,000 mètres de l'angle nord-est de Pékin; nous fîmes la grande halte et nous lançâmes des reconnaissances dans plusieurs directions autour de la ville.

Des Chinois, interrogés, nous dirent qu'il existait, vers la direction ouest de la ville, qui a un mur de 7,000 mètres de ce côté, un grand camp tartare de 10,000 hommes.

Nous nous mîmes en marche immédiatement sur ce camp dont nous apercevions le parapet en terre; nous marchions à la même hauteur avec le général anglais; il devait attaquer la droite et moi la gauche. La colonne Collineau devait tourner la gauche du camp, les Anglais tourner la droite, et le général

Jamin attaquer le front; le camp a été évacué dans la nuit.

Le général Grant me fit alors prévenir que ses espions l'informaient que l'armée tartare s'était retirée à Yuen-Ming-Yuen, magnifique résidence impériale, à un mille et demi du point où nous étions, et il me proposait de marcher contre elle : l'heure était peu avancée, les troupes n'étaient pas fatiguées, elles étaient pleines d'ardeur; un mille et demi dans ces conditions devait être promptement franchi.

Après une marche assez longue et difficile, nous arrivâmes à sept heures au village de Yuen-Ming-Yuen; nous suivions une route en dalles de granit et nous traversâmes un pont magnifique qui conduit au château impérial, situé à 200 mètres du pont et dont l'entrée est en face; la route, entre le pont et le palais, est bordée à gauche d'arbres épais et d'une belle venue; à droite, une grande place à laquelle s'appuie une rangée de belles maisons, habitations des principaux mandarins.

Avant de m'établir au bivouac, je voulus faire fouiller l'entrée du palais, qui était fermée par une porte très-solide et par des barrières à droite et à gauche; on prétendait que les Tartares étaient dans les cours, et dans les jardins derrière ces portes.

J'envoyai de suite deux compagnies d'infanterie de marine pour fouiller l'entrée du palais et le bois en arrière, ainsi que mon officier d'ordonnance, le lieutenant de vaisseau de Pina.

Cet officier, entendant du bruit dans l'intérieur, fit sommer d'ouvrir les portes, et, voyant que personne ne répondait, il fit apporter une échelle et escalada le mur, suivi par M. Vivenon, enseigne de vaisseau.

A peine étaient-ils sur la crête qu'ils reconnurent les Tartares armés de piques, de flèches et de fusils, qui paraissaient vouloir défendre la porte.

A l'aspect des officiers ces hommes se retirèrent, et M. de Pina franchit le mur afin d'ouvrir la porte à la troupe.

En ce moment, les Tartares revinrent sur M. de Pina, et une lutte s'engagea entre lui et les hommes qui accouraient. Il soutint bravement cette attaque, tira quelques coups de revolver, et fut blessé à la main gauche et au poignet droit. Les soldats d'infanterie de marine vinrent à son secours et à celui de leur officier, M. Vivenon, qui avait reçu une balle dans le côté, et les Tartares, après une résistance inutile, prirent la fuite en désordre, laissant derrière eux trois des leurs tués, et emmenant plusieurs blessés.

Le bruit de la fusillade m'ayant attiré, je fis venir le général Collineau avec la brigade et je fis occuper fortement la première cour du palais, ne voulant pas pénétrer plus avant pendant la nuit dans un lieu inconnu. 7 ou 800 Tartares qui se trouvaient derrière les palais successifs aboutissant aux bois auraient pu tenter d'inquiéter nos hommes. La nuit se passa sans événement, et le lendemain, de grand matin, je me rendis au palais, accompagné des généraux Jamin et

Collineau, de mon chef d'état-major et du brigadier anglais Fattle, avec lequel étaient le major Sley des dragons de la reine et le colonel Fowley ; une compagnie d'infanterie nous précédait pour assurer notre marche : mais les palais étaient complétement évacués par les Tartares.

Je tenais à ce que nos alliés fussent représentés dans cette première visite au palais, que je soupçonnais devoir renfermer de grandes richesses. Après avoir visité des appartements dont la splendeur est indescriptible, je fis placer partout des sentinelles, et je désignai deux officiers d'artillerie pour veiller à ce que personne ne pût pénétrer dans le palais et pour que tout fût conservé intact jusqu'à l'arrivée du général Grant, que le brigadier Fattle fit prévenir de suite.

Les chefs anglais arrivés, nous nous concertâmes sur ce qu'il convenait de faire de tant de richesses, et nous désignâmes pour chaque nation trois commissaires, chargés de faire mettre à part les objets les plus précieux comme curiosités, afin qu'un partage égal en fût fait ; il eût été impossible de songer à emporter la totalité de ce qui existait, nos moyens de transport étant très-bornés.

Un peu plus tard, de nouvelles fouilles amenèrent la découverte d'une somme d'environ 800,000 fr. en petits lingots d'or et d'argent. La même commission procéda également au partage égal entre les deux armées, ce qui constitua une part de prise d'environ

80 fr. pour chacun de nos soldats ; la répartition en a été faite par une commission composée de tous les chefs de corps et de service, présidée par M. le général Jamin.

La même commission, réunie et consultée au nom de l'armée, déclara que celle-ci désirait faire un cadeau à titre de souvenir, à Sa Majesté l'Empereur, de la totalité des objets curieux enlevés dans le palais, ainsi qu'à Sa Majesté l'Impératrice et au Prince Impérial.

L'armée a été unanime pour cette offrande au chef de l'État, qui la considérera comme un souvenir de reconnaissance de ses soldats pour l'expédition la plus lointaine qui ait jamais été entreprise.

Au moment du partage entre les deux armées, j'ai tenu, au nom de l'Empereur, à ce que lord Elgin fît le premier choix pour S. M. la reine d'Angleterre.

Lord Elgin a choisi un bâton de commandement de l'empereur de Chine, en jade vert du plus grand prix et monté en or. Un second bâton, semblable en tout à celui-ci, ayant été trouvé, lord Elgin à son tour a voulu qu'il fût pour S. M. l'Empereur : il y a donc eu parité parfaite dans ce premier choix.

Il me serait impossible, Monsieur le maréchal, de vous dire la magnificence des constructions nombreuses qui se succèdent sur une étendue de quatre lieues, et que l'on appelle le Palais d'été de l'empereur, succession de pagodes renfermant toutes des dieux d'or et d'argent ou de bronze d'une dimension gigantesque. Ainsi, un seul dieu en bronze, un Bouddha, a une hauteur d'environ 70 pieds, et tout le reste est à l'avenant; jardins, lacs et objets curieux entassés depuis des siècles dans des bâtiments en marbre blanc, couverts de tuiles éblouissantes vernies et de toutes couleurs; ajoutez à cela des points de vue d'une campagne admirable, et Votre Excellence n'aura qu'une faible idée de ce que nous avons vu.

Dans chacune des pagodes il existe, non pas des objets, mais des magasins d'objets de toute espèce; pour ne vous parler que d'un seul fait, il existe tant de soieries du tissu le plus fin, que nous avons fait emballer avec des pièces de soie tous les objets que je fais expédier à Sa Majesté.

Ce qui attriste au milieu de toutes ces splendeurs du passé, c'est l'incurie et l'abandon du gouvernement actuel et des deux ou trois gouvernements qui l'ont précédé; rien n'est entretenu, et les plus belles choses, à l'exception de celles qui garnissent le palais que l'empereur habite, sont dans un état déplorable de dégradation.

Dans l'une des pagodes, celle des voitures, à une demi-lieue du palais habité, nous avons trouvé deux voitures magnifiques anglaises, présent de l'ambassade de lord Macartney; elles étaient, ainsi que leurs harnais dorés, dans la même place où elles avaient dû être mises il y a quarante-quatre ans, sans qu'un grain de la poussière qui les couvre ait été jamais enlevé.

Il faudrait un volume pour dépeindre tout ce que j'ai vu; mon plus grand regret, c'est de n'avoir pas dans l'expédition un photographe pour reproduire aux yeux de l'Empereur ce que la parole est impuissante à exprimer?

Après quarante-huit heures de séjour à Yuen-Ming-Yuen, je songeai à rejoindre l'armée anglaise devant Pékin; mais, avant de quitter le palais impérial, je constatai que les effets de plusieurs de nos malheureux prisonniers, par suite de la trahison du 13 septembre, étaient placés dans une chambre de l'une des maisons qui avoisinent l'habitation de l'empereur.

Parmi ces effets figuraient ceux du colonel Foullon-Grandchamps, de l'artillerie, un carnet et des effets de sellerie à M. Ader, comptable des hôpitaux, et enfin quinze selles complètes de Sikhs, et diverses autres choses ayant été reconnues par des officiers anglais comme appartenant à ceux des leurs pris le même jour 18 septembre.

Je suis donc revenu le 9 devant Pékin, espérant recevoir des nouvelles de nos malheureux nationaux, car j'avais déjà appris que M. d'Escayrac de Lauture et quatre soldats avaient été renvoyés pendant ma séparation du camp anglais au général en chef.

Mais les prisonniers ayant été séparés les uns des autres, ceux-ci ne purent nous donner aucun renseignement : seulement je pus préjuger par les traitements horribles infligés par un ennemi barbare, quel devait être le sort de ceux restés entre les mains du gouvernement tartare.

Aujourd'hui, 15 octobre, que je continue cette lettre commencée le 12, il ne m'est plus permis d'avoir de doutes : MM. le colonel Foullon-Grandchamps ; Dubut, sous-intendant militaire ; Ader, comptable, ainsi que quatre de nos soldats, sont morts, trop heureux s'ils ont été tués de suite, car il est impossible de se faire une idée des tortures barbares que quelques prisonniers ont subies avant de mourir.

Tout cela se passait pendant que je faisais recueillir et soigner dans nos ambulances les prisonniers tartares aussi bien que nos blessés.

Devant Pékin, 17 octobre 1860.

Après avoir campé à 4 kilomètres environ de Pékin, j'ai adressé, de concert avec le général anglais, au prince Kong une note concluant à l'occupation d'une des portes de la ville par nos troupes. Nous avons fait établir des batteries de siége à 60 mètres des murailles ; le prince a immédiatement donné l'ordre d'ouvrir la porte vis-à-vis le camp français. Cette porte a été occupée par un bataillon de chacune des deux armées.

Je me suis rendu sur le rempart, qui a une largeur de 17 mètres ; il était armé de pièces d'un très-fort calibre et d'un très-beau bronze ; toutes les mesures de précautions ont été prises pour assurer notre position, mais la population paraît beaucoup plus curieuse qu'hostile.

J'ai fait rapprocher mon camp et placer des hommes dans les casernes abandonnées par les Tartares. Les montagnes qui nous avoisinent sont couvertes de neige et le vent du nord souffle avec une grande violence; ces signes précurseurs de plus mauvais temps m'ont fait prendre la ferme résolution de ne pas prolonger mon séjour ici au delà des premiers jours de novembre.

---

18 octobre.

Au moment où j'allais reprendre ce rapide récit bien souvent interrompu, j'ai reçu trois nouveaux cercueils contenant les corps de M. l'intendant Dubut et de deux de nos soldats; il ne reste plus que l'abbé Duluc, mais il ne m'est plus possible de douter de sa mort.

En résumé, sur 26 prisonniers anglais, 13 sont morts et 13 sont rentrés; sur 13 prisonniers français, 7 sont morts et six nous sont rendus.

Hier, 17 octobre, a eu lieu dans le cimetière russe l'inhumation des Anglais victimes du guet-apens du 18 septembre; nous avons assisté à cette triste cérémonie. Aujourd'hui, j'ai profité de l'occasion de l'enterrement de nos compatriotes pour faire venir de Pékin chez moi deux mandarins d'un grade élevé, pour leur dire que je savais leur respect pour les morts, et que je désirais faire enterrer les restes de nos prisonniers dans l'ancien cimetière français que l'empereur Kang-Hi avait autrefois accordé aux missionnaires catholiques : ils m'ont affirmé que rien n'était plus convenable et qu'ils allaient immédiatement prendre des dispositions en conséquence.

Recevez, etc.

Le général de division commandant en chef,

DE MONTAUBAN.

—

DIXIÈME LETTRE

Étude de mœurs. — La Chine et les Chinois jugés par un fusilier au repos. — Le traité de paix de Pékin traduit par un interprète chinois. — Tien-tsin et son confort. Un vers de Boileau et ses suites variées. — Influence de la bonne chère sur les tempéraments faibles (1).

Tien-tsin, le 30 novembre 1860.

ASPECT D'UNE VILLE EN CHINE.

La majeure partie des villes et des villages, en Chine, n'offrent à la vue que le triste spectacle de maisons mal bâties et construites de terre et de paille

(1) P. S. Inutile de dire que nous ne partageons pas toutes les opinions de l'auteur de ces Lettres, surtout en ce qui touche les mœurs et les lois de la Chine, une lecture approfondie des meilleurs ouvrages écrits sur ce pays nous ayant appris bon nombre de faits contraires à ses opinions ; et, ici, nous devons dire que nous avons trouvé chez notre éditeur, M. Benjamin Duprat, toute une collection de livres savants et de précieux documents, où l'on peut puiser la connaissance la plus exacte de l'histoire du Céleste-Empire.

hachée. Vous n'en verrez pas à deux étages : le rez-de-chaussée compose seul ce que nous voulons bien appeler maison.

Bien que la parqueterie et le carrelage ne soient pas inconnus des Chinois, le sol brut dans les maisons (sauf cependant quelques-unes et celles-là sont rares), remplace le pavé, la brique ou le parquet. Vous ne voyez de sol briqueté et parqueté que dans les pagodes, et aussi dans les principales maisons de la ville ou du village, et occupées, soit par de riches marchands, soit par les autorités. Dans la description que je m'en vais faire tout à l'heure des pagodes, vous pourrez vous assurer de ce que je viens de dire plus haut.

Continuons notre description des villes et des villages : des rues mal alignées, sales et boueuses, et toutes très-étroites, sont les seules qu'il y ait en Chine. Il ne faut pas s'étonner de rencontrer dans plusieurs des immondices et des matériaux de toute nature qui gênent plus ou moins la circulation, car en Chine vous ne voyez dans aucun village, dans aucune ville, ni tombereaux, ni voitures, aucun attelage enfin ; tout au plus si vous rencontrez parfois quelques voitures à bras. Il n'y a que sur les routes qu'il nous arrive de rencontrer de temps en temps quelques petits véhicules. — A Pékin, j'ai vu des attelages qui ne sont autres que les omnibus de la ville, et dans lesquels peuvent entrer tout au plus trois personnes.

Plus tard, je m'étendrai sur ce sujet et je parlerai de cette ville capitale.

Dans certains villages, l'intérieur des habitations est quelque chose qui répugne au regard et à l'odorat. Les murs noirs, sales et enfumés sont les seuls objets qui frappent tout d'abord votre vue, et une odeur infecte de graisse et d'opium vous oblige à ne respirer qu'avec modération.

Le Chinois n'a pas comme l'Européen notre mode de couchage. Nos lits semblent leur être inconnus. Ils ne couchent que sur une sorte de lit de camp, pour ainsi parler, fait de terre et dont chacun des côtés latéraux est consolidé par un petit mur en brique. Afin de se garantir du froid pendant l'hiver, ils ont creusé dans l'intérieur de ce véritable lit de camp un petit four qu'ils chauffent selon l'exigence de la saison.

Sur ces lits vous ne voyez ni matelas, ni draps. Une simple natte et une couverture sont les seuls objets dont ils se servent.

Le pauvre et le riche couchent de la même manière, avec cette différence pourtant que ce dernier se sert de couvertures épaisses et rembourrées, et que son lit de camp (qu'il me soit permis de lui donner ce nom) est orné de sculpture et de divers ornements. Maintenant disons un mot sur les pagodes.

PAGODES.

On appelle pagode le lieu où s'exerce le culte religieux des Chinois. Rien de plus curieux que l'intérieur de ces églises, ou du moins pour parler selon le langage du pays, de ces pagodes : non rien de plus bizarre et de plus grotesque. Mais avant d'entrer dans les détails des cérémonies religieuses, et de parler divinités, parlons un peu de la construction et de l'architecture de ces pagodes.

L'intérieur des pagodes diffère de celui des autres habitations par son aspect grandiose et vraiment digne de l'attention du voyageur. Ce ne sont plus ces mauvais murs de torchis, ni ces toits de chaume des autres maisons : ce sont des murs de pierre ou de briques peintes, ornées de sculptures et de petites statues.

Les pagodes sont ordinairement entourées d'arcades soutenues par des colonnes de bois ou de pierres coloriées, et sur lesquelles viennent s'appuyer les toits de ces pagodes. Ces dernières plaisent aux regards non-seulement par la propreté et les diverses couleurs qui les embellissent, mais encore par l'élégance de leur modeste architecture.

Dans certaines pagodes vous voyez de vastes cours propres, bien entretenues et dallées.

Maintenant, pénétrons dans l'enceinte de ce temple

des divinités et disons un mot des cérémonies religieuses.

Les divinités des Chinois sont représentées par des statues en terre cuite, rarement en bois, qui dénotent un ciseau fort habile. Elles sont ornées de différentes couleurs, et des dorures claires et pures tranchent avec assez d'avantage sur le vif éclat de leur coloris. Les unes représentent des diables avec de longues fourches aiguës, marchant sur des brasiers ardents, les autres paraissent vouloir s'envoler vers une région habitée par des animaux féroces, tels que des ours, des tigres et des serpents. On en voit d'autres qui représentent des vieillards à barbe respectable, ceux-là sont assis sur des trônes. En un mot, toutes ces figures symboliques attirent plutôt l'hilarité que le respect.

Ces divinités sont placées sur un autel surmonté de lambris dorés et d'ornements divers. L'encens ne cesse de brûler un seul instant devant elles.

CÉRÉMONIES RELIGIEUSES.

De préférence, les Chinois choisissent la nuit pour rendre hommage à leurs dieux. Ils se rendent par bandes nombreuses à leurs pagodes, et aussitôt qu'ils y sont arrivés, ils allument les cierges et commencent ce que j'appellerai leur simagrée. Ils déposent d'abord aux pieds de leurs idoles leur offrande qui consiste en viande, en gâteaux et en fruits.

Ensuite le prêtre (1), entonne d'une voix plus ou moins harmonieuse les chants du Sage, et un de ses acolytes, saisissant un tam-tam, — sorte de tambour de basque, — le fait résonner avec une force extraordinaire. Leur exemple est alors suivi des autres musiciens qui n'ont pour instrument que des boules de bois creuses sur lesquelles ils frappent avec un petit cylindre du même *métal*. Si bien que de loin on croirait entendre le bruit que font nos tailleurs de pierres avec leurs maillets. Jugez, mes bons amis, si ce concert est agréable.

Ainsi se font en Chine les cérémonies religieuses. Bien que cette manière de satisfaire à des devoirs sacrés puisse nous étonner, elle nous fait concevoir des sentiments tels qu'il ne faut pas avoir d'eux une opinion trop défavorable. Ils sont nés dans cette religion, ils n'en connaissent point d'autre, et s'ils se retirent des nations civilisées, il faut plutôt en faire retomber la faute sur leur chef que sur eux-mêmes qui communiqueraient volontiers avec les autres puissances, s'ils en étaient libres. (2)

(1) Le prêtre chinois est le seul individu qui ne porte pas la queue. Il ne laisse pousser ses cheveux que très-ras. E. M.

(2) La liberté religieuse existe en Chine. En aucun pays de l'Asie les cultes les plus différents ne sont aussi ouvertement tolérés. Les musulmans eux-mêmes sont admis aux emplois publics. (*La Chine devant l'Europe*, par le marquis d'Hervey Saint-Denys.)

UN PEU DE TOUT.

Vous me demandiez si en Chine il y avait de beaux magasins, des pharmaciens, et que sais-je encore?

Oui, en Chine comme en France ; mais seulement à Tien-tsin, ville de première classe. Il y a ici des magasins de nouveautés, de bonneteries, des épiciers, des marchands de comestibles, des quincailliers, des fruitiers, et aussi de jolis magasins de soieries. Les pharmacies surtout sont magnifiques.

Il y a également ici des restaurants et des cafés, — si toutefois il est permis de donner ce nom à ces derniers, où l'on ne prend guère que du thé, du vermouth, une espèce de liqueur appelée *brandi* (choumchoum), sorte d'eau-de-vie détestable à boire, et certain vin dont je puis vous fournir la recette.

La religion défend aux Chinois de faire du vin de raisin. Aussi ont-ils inventé le moyen d'en faire avec du riz. Pour sa fermentation, ils emploient de la farine, du froment dont ils font un levain qu'ils appellent *la mère du vin*. Ils y mettent aussi des amandes, des fruits secs, de l'écorce d'arbre, des petits pois et diverses autres céréales. Ce vin est très-agréable à boire. J'en parle savamment; j'en ai goûté, et je le répète, ce vin est très-bon, très-salutaire.

MÉDECINS.

En Chine les médecins sont presque tous pharmaciens. Il leur est expressément défendu de faire des amputations. Si par malheur, ils contrevenaient à cette défense, ils seraient condamnés à recevoir tant de coups de bambou (je n'en sais pas le nombre). Quand un malade meurt, après avoir reçu du médecin l'assurance qu'il guérirait, ce dernier est également condamné à recevoir du bambou.

Le perruquier est aussi médecin. Il est principalement chargé des douleurs et des maux d'yeux.

Ce sont les Chinois qui, les premiers, ont découvert le moyen de guérir la rage. Il paraît qu'ils triomphent assez facilement dans le traitement de ces sortes de maladies.

POUVOIR DU MANDARIN.

En Chine, il n'y a ni notaires, ni avocats, ni juges, ni préfets, ni sous-préfets, ni maires. Tous ces fonctionnaires sont réunis en un seul, le mandarin. C'est à lui qu'est déféré le pouvoir de régler les mariages, de défendre les villes, de juger et de condamner. Bref, il administre ses sujets comme bon lui semble ; je dirai même qu'il a presque plein droit sur eux.

Que l'on ne s'étonne donc pas si le pauvre succombe dans la lutte (du faible contre le fort) : Le riche est le bras droit du mandarin, ou autrement dit un coffre-fort dans lequel ce dernier puise, selon les services qu'il veut bien rendre à l'opulent. Quoiqu'en faisant tout son possible pour concilier l'un et l'autre parti, le mandarin fait espérer à l'un et contente pleinement l'autre. De là, des discordes entre les uns et les autres, des haines éternelles : l'argent sonne toujours plus haut que la justice.

En un mot, je le répète, le mandarin administre ses sujets selon les caprices de sa raison, et l'intérêt cupide du gain qui le guide presque toujours dans les affaires de son administration. Lorsque le peuple, mécontent du gouvernement du mandarin, ne veut plus se soumettre à son joug, il organise alors une députation, composée en cette circonstance des notables de la ville. Ceux-ci achètent alors une paire de bottes, qu'ils vont offrir eux-mêmes au mandarin. Sans être positivement une insulte, puisque cela est dans l'usage, ce moyen ridicule invite le mandarin à se corriger et à devenir meilleur. Si cette silencieuse invitation ne le corrige pas, ils affichent alors le blâme sur sa porte et dans la ville, et cette même députation se rend une seconde fois chez lui, en observant toutefois les rhythmes d'usage, c'est-à-dire en se prosternant devant lui et en embrassant les marches de son trône. Ils lui signifient alors de monter dans le palanquin qu'eux-mêmes ont apporté, et ils le conduisent ensuite chez le vice-roi, commandant la province, auquel ils expliquent sa conduite et l'iniquité de ses actes. Après quoi, le vice-roi, selon les raisons entendues, rend justice à l'un ou à l'autre, et condamne, s'il y a lieu, le mandarin au bannissement ou bien à recevoir du bambou.

JUSTICE.

La justice chinoise n'inflige que deux sortes de peines : les coups de bambou et la potence. Ici, le vol est très-sévèrement puni ; il est même rare que le voleur ne soit pas pendu.

On voit que les Chinois ont pour habitude de se laisser croître les cheveux, sur le derrière de la tête, dans toute leur exubérance : ils se rasent la moitié de la tête, et forment de leurs longs cheveux une queue bien nattée. Quand le Chinois commet une faute grave on lui coupe cette queue, et il est plus sensible à cette punition qu'à toute autre, car alors il est banni de toutes les sociétés et méprisé de tous ses semblables. Les condamnés à mort sont pendus sur la place de la pagode en présence du mandarin (1).

(1) Le mandarinat n'est exercé que par des lettrés qui ont subi à Pékin de sévères examens. Il y a plusieurs classes de mandarins, réparties chacune selon les capacités du mandarin et l'importance des villes.

POLICE CHINOISE.

On ne distingue les employés de la police que par le gland rouge, et le petit globule en verre, en or et en acier (selon les différents grades) qui le surmonte, et qu'ils portent à la coiffure. Leur fonction est de parcourir chaque nuit toutes les rues de la ville ; ils se dispersent par bandes nombreuses dans les quartiers qui leur sont assignés, et toujours avec le tamtam et les instruments dont j'ai parlé plus haut et qui, vous le savez, font un tapage infernal. Ils ne cessent pas une minute, pendant la nuit entière, de faire résonner leur abominable instrument. On dirait un atelier de chaudronniers battant le cuivre avec ardeur. Aussi je doute beaucoup que les habitants paisibles, puissent tranquillement goûter les douceurs du sommeil. Dans tous les cas, c'est un excellent moyen d'avertir et de chasser le malfaiteur, sans l'attraper et de ne pas risquer par conséquent d'être assailli. O bravoure chinoise! que je te reconnais bien là !

Ainsi se fait la police dans l'Empire du milieu. Oyez toujours.

MOEURS.

En général, le Chinois est sobre, laborieux, travailleur et intelligent. Sa nourriture principale, c'est le riz, et sa boisson, le thé sans sucre. Ces quelques lignes s'appliquent principalement à la classe ouvrière, surtout en ce qui concerne la nourriture, car le riche est très-friand, gourmand même.

Les Chinois ne mangent pas de pain. Ce premier soutien de notre existence leur est inconnu. Ils ne mangent avec leurs autres aliments qu'une espèce de pâte de farine préparée à la graisse. Je n'ai pas encore vu de Chinois manger de la viande de bœuf et de mouton.

Dans toutes les classes de la société, les Chinois font une consommation extraordinaire de riz et de thé.

Les classes pauvres ne se nourrissent que de riz et de légumes hachés finement qu'ils font frire dans la graisse. La viande ne se mange aussi que hachée et enveloppée de pâte mêlée avec des légumes. Cela ainsi préparé forme un petit gâteau que le Chinois fait cuire d'après le procédé sus-indiqué. Je me hâte de dire que le Chinois pour la nourriture dont je viens de parler ne se sert que de viande de porc, et très-rarement d'autres viandes.

La charcuterie chinoise, sans être aussi bonne que la nôtre, est néanmoins fort prisée.

Un dernier mot à ce sujet : avec sa modeste nourriture, le Chinois est fort et robuste. Je n'ai pas encore vu en France d'hommes aussi puissants que ceux de Tien-tsin. J'en rencontre beaucoup qui sont d'une corpulence extraordinaire, et qui malgré leur embonpoint étonnant, effrayant même, marchent avec assurance et agilité.

AGRICULTURE.

Honorée des Chinois, l'agriculture est une des branches scientifiques pour laquelle ils apportent le plus de soin. Ils s'y adonnent avec goût, avec énergie et avec succès, et les résultats de leurs travaux agricoles sont tels que l'on peut dire avec vérité qu'ils soignent leurs jardins et leurs champs, sinon mieux que nous, du moins tout aussi bien.

Aussi en visitant leurs propriétés, on ne peut s'empêcher d'admirer la manière dont elles sont entretenues, non moins que la propreté excessive qui y règne de tous côtés. A Sin-Ko, où le manque d'eau est absolu, toutes les terres cultivées sont entourées de larges fossés que les pluies remplissent périodiquement.

Mieux que cela, cette contrée étant dépourvue de puits et de sources, le cultivateur est obligé d'aviser à une foule de moyens, afin d'avoir sans relâche de l'eau pour ses plantes, et aussi, chose pire encore, pour ses besoins domestiques.

Les terres qui avoisinent de très-près les rives du Péï ho sont arrosées différemment, aussi sont-elles beaucoup plus fertiles. Voici le système employé ; et d'abord notez que la chaleur du climat et la qualité de la terre n'en permettent pas un autre.

Des conduits partant du fleuve amènent, dans des puits préparés à cet effet, l'eau nécessaire pour les besoins de la propriété; d'autres conduits partant de ces puits versent l'eau dans de petites rigoles, qui sont pour ainsi dire les allées supplémentaires de la propriété; et, lorsque ces petits ruisseaux sont remplis, on les débouche, et l'eau retenue jusqu'alors va se répandre vivement dans chacun des carrés cultivés et tous entourés par ces sortes de petits canaux. De cette manière la terre est toujours fraîche et propice.

Il faut observer que dans les contrées voisines de la mer, les terres ne sont pas toujours fertiles, par rapport aux marées d'eau salée qui les inondent périodiquement (1).

(1) Sur plusieurs points de la France les terres se reposent encore de deux années l'une, de vastes terrains demeurent en friche; les campagnes sont entrecoupées de bois, de prairies, de vignobles, de parcs, de maisons de plaisance. Il n'en est pas de même à la Chine. La doctrine même des anciens sur la piété filiale n'a pu sauver les sépultures. Les petites surgissent et disparaissent dans les champs d'une génération à l'autre. La superstition a aidé la politique à reléguer peu à peu celles des grands et des riches dans les montagnes ou dans les endroits stériles fermés à l'agriculture. Déjà, au ve siècle avant notre ère, le célèbre Koung-Tseu s'en était préoccupé. Bien que ce sol soit épuisé par trente-cinq siècles de moissons, il faut qu'il produise toujours, à tout prix, partout et quand même, pour fournir aux besoins d'un peuple innombrable.

Et malgré ce travail persévérant, minutieux, qui étonnerait les Européens, malgré la prévoyance du gouvernement qui intervient partout en Chine, et à plus forte raison dans les

Les productions de la Chine sont à peu près les mêmes que celles de la France.

On y récolte le blé, le chanvre, le maïs et le millet. Je n'y ai point vu d'avoine. Le pêcher, l'abricotier, le pommier, le poirier, le prunier croissent ici comme en France.

Je n'ai point vu de cerisiers, de groseilliers, ni de figuiers. La pomme de terre croît aussi en Chine ; mais pour sa saveur, elle est bien loin de valoir la nôtre. J'en dirai autant de la carotte. Ici le chou n'a pas de feuilles. Ce n'est qu'une grosse pomme qui, pour le goût, ressemble un peu à celui de nos navets. L'ail, le poireau, le céleri, le cerfeuil, les navets, les haricots, les pois et plusieurs genres de salades qui sont loin de valoir les nôtres, croissent ici en abondance. L'auber-

questions d'alimentation, tout au plus réussit-on à éviter les disettes. L'imagination a peine à concevoir le tableau que nous font les auteurs chinois de la mortalité dans les années de misère. Les routes, les fossés, les champs sont alors semés d'agonisants et de cadavres. La mort est en proportion de la vitalité. Elle paraît toute simple, elle n'effraye ni ne répugne. Même dans les années d'abondance, les chiens, les ânes, les rats eux-mêmes sont des aliments d'un usage ordinaire. Un dixième de la population ne vit que de poisson. Aussi la pêche y a-t-elle pris une extension sans exemple ailleurs. Pas un engin qui ne soit employé, pas un filet d'eau qui ne soit mis à profit, ensemencé et cultivé pour ainsi dire chaque année au moyen du frai que des marchands font éclore et colportent au printemps dans les campagnes. C'est une activité sans nom, l'activité de tout un peuple refoulé sur lui-même qui lutte corps à corps avec les nécessités de la vie.

L'immense population, que j'appellerai la population fluviale gine, le potiron, et diverses sortes de melons viennent parfaitement en Chine, ainsi que les noix, les châtaignes et les noisettes. Le raisin est magnifique. Inutile de vous parler du riz, du thé et du tabac. Les Chinois, et surtout ceux qui travaillent, font un usage très-modéré de l'opium. Ils ont des pipes faites pour cet usage ; elles sont beaucoup plus petites que les autres. Ils en fument une pipe ou deux le soir avant de se coucher et rarement dans la journée.

Le tabac ne se vend qu'en feuilles sèches.

LES PIEDS DES CHINOISES.

Chose curieuse que le pied d'une Chinoise et sa chaussure, — mais chose qui ne plaît pas beaucoup

de la Chine, cette population amphibie qui habite les rivières dans des bateaux de toutes sortes, qui y naît, y vit et y meurt, prouverait à elle seule combien le sol est insuffisant. Dans la ville de Canton on l'estime à 30,000 âmes. Elle exerce toutes les industries, tous les métiers. Là se trouvent des théâtres, des salles de concert, des maisons de jeux, approvisionnés par une autre flottille de marchands ambulants ; un monde d'habitations flottantes, depuis les constructions massives qui rappellent l'arche de Noé, jusqu'au fragile assemblage qui sert d'asile au lépreux solitaire. Rien ne peut donner une idée de cette ville aquatique, plus peuplée et aussi vivante que Marseille. Et ce n'est pas tout, sur plusieurs lacs de la Chine il existe des îles artificielles, d'immenses radeaux sur lesquels on a transporté des terres, construit des maisons, planté des jardins, et où de pauvres familles cultivent, entre le ciel et l'eau, le champ mobile qui les nourrit.

aux regards de l'étranger. — Lorsque les enfants du sexe féminin sont jeunes, on profite de leur bas âge pour envelopper leurs pieds de bandelettes que l'on serre de façon à en arrêter la croissance. Leurs doigts de pied recourbés en-dessous se trouvent collés sous la plante des pieds. Ces bandelettes ne les quittent jamais. Par ce moyen, le pied n'atteint que la longueur que l'on veut bien lui donner, et je suis persuadé qu'un enfant de deux ans, en France, a le pied aussi long que celui d'une femme âgée en Chine.

MARIAGES.

Rien de plus curieux, de plus ridicule et de plus bizarre que les lois qui régissent le mariage en Chine.

La fille promise en mariage ne peut, sous aucun prétexte, s'absenter un seul instant de la maison paternelle jusqu'au jour de ses noces. Il lui est expressément défendu pendant ce temps d'aller au théâtre et dans tous les autres lieux publics. Le père de la fiancée se trouve personnellement responsable envers la justice de toutes ces prescriptions, et si la fille promise en mariage enfreint une seule de ces défenses, son père seul est condamné à recevoir des coups de bambou.

Il y a sept cas qui autorisent le mari à divorcer. En voici la nomenclature : le manque de respect envers ses parents, l'orgueil, la coquetterie, la médisance, l'adultère, la stérilité, ou même simplement le manque d'enfants mâles. Les femmes s'achètent en Chine. Aussi, pour se marier, le mari est-il obligé d'acheter la femme qu'il convoite.

L'achat d'une femme est proportionné à sa beauté, qui ne consiste, pour le Chinois, que dans la petitesse de son pied. La femme en Chine n'est qu'un instrument dont se sert le mari selon ses goûts, ses caprices, sa volonté, son caractère. Il a le droit de la frapper, de la faire souffrir, de lui faire endurer les plus rudes privations, et de la laisser même mourir de faim. En un mot, la femme, en Chine, est un être si peu considéré, qu'elle n'est comprise dans aucune des lois qui régissent l'Empire. Elle ne prend aucune part dans les négociations, et n'est jamais consultée, ni sur aucun point, ni dans aucune circonstance. On l'élève, jusqu'à l'époque où elle se marie, dans la plus complète ignorance. Elle n'apprend qu'une seule chose : la broderie. Aussi cet art est-il poussé à un très-haut degré. La femme mariée ne mange pas avec ses nouveaux parents ; elle se tient debout derrière eux, dans une attitude respectueuse, les sert à table, allume leur pipe, et ne prend son repas qu'isolément.

La femme divorcée ne quitte néanmoins pas la maison de son mari. Celui-ci en achète une autre, et son ancienne femme sert alors de domestique à la nouvelle venue. En Chine, la polygamie est permise (1).

(1) La famille est à la Chine la base du système social ; elle

INSTRUMENTS DONT SE SERVENT LES CHINOIS POUR ÉCRIRE.

Les Chinois ne se servent pas de plumes pour écrire; ils se servent de pinceaux qu'ils conduisent avec autant d'agilité que nous conduisons nos plumes.

est aussi le centre vers lequel convergent toutes les préoccupations, le gage de toutes les affections, la clef de toutes les qualités et de tous les défauts des Chinois. En France, l'homme se marie tard. En Chine il se marie très-jeune. Je ne dirai pas qu'on puisse comparer son existence à ce qu'est chez nous celle de la femme, je dirai seulement que, s'il y a des écarts dans sa vie, et ces écarts sont très-fréquents, c'est toujours après le mariage. Jusque-là rien de semblable. L'étudiant chinois fréquente ses condisciples; dans ces réunions innocentes, on compose des vers, on admire les fleurs d'un jardin, on s'enivre même quelquefois; ce sont des promenades en bateaux, des parties de pêche, des plaisirs aussi calmes que sa vie. A peine adolescent, il songe à trouver une femme, comme une jeune fille en Europe à trouver un mari. La polygamie existe en Chine, mais on peut juger par ce qui précède de son but et de son caractère. Ce n'est point la polygamie du reste de l'Asie, la polygamie voluptueuse de la Perse et de la Turquie; c'est un moyen d'accroître sa prospérité. En principe, le Chinois n'a qu'une seule femme (*conjux*), et il ne doit épouser qu'une femme à la fois. Plus tard, si cette femme est inféconde, ou quand elle le devient avec l'âge, il peut prendre une ou plusieurs femmes de second rang (*concubinæ*). Leur position dans la famille ne sera, du reste, que secondaire, leur nom chinois l'indique et équivaut à ceci : celle qui doit se tenir debout. Seule, la première épouse est élevée au rang de son mari, et par une fiction bien caractéristique, seule, elle exerce l'autorité maternelle, quelle que soit la provenance des enfants.

(*La Chine devant l'Europe.*)

L'encre dont ils se servent, et connue chez nous, avec tant de renommée, sous le nom de *bâtons d'encre de Chine*, est la seule qu'ils emploient. Ils délayent leurs bâtons sur une pierre en grès, sur la surface de laquelle se trouve un petit creux qu'ils emplissent d'eau. Ils humectent d'abord leur pinceau de l'encre délayée et épaisse et le trempent ensuite légèrement dans l'eau.

MONNAIES.

Les sapèques, sorte de monnaie de la grosseur d'un demi-sou et percées par le milieu pour en faciliter le transport, sont à peu près les seules pièces de monnaie qui aient cours. L'argent et l'or ne sont pas comme chez nous en pièces ayant une valeur connue et déterminée. L'argent et l'or n'existent que par petits lingots dont on ne peut connaître la valeur exacte qu'avec le secours de la balance (je ne ne sais quelle est leur unité de mesure.) Les riches sont à peu près les seuls qui possèdent cette dernière monnaie.

PATISSERIE.

La pâtisserie en Chine peut être comparée à la nôtre, et pour son goût exquis et pour tout ce qui la compose. A Tien-tsin, il y a des boutiques de pâtisserie qui captivent les regards par la propreté de leur intérieur, non moins que par les divers genres de gâteaux qui y sont étalés avec art, et dont la bonne mine provocante excite souvent ma friandise.

Ouf! — Êtes-vous contents cette fois ?

Un polyglotte chinois me donne la traduction suivante du traité de paix, qui, en dépit de mes prévisions, s'est signé à Pékin, le 25 octobre dernier :

« L'Empereur de Chine aux ambassadeurs de France et d'Angleterre :

« Sont et demeurent ratifiées toutes les conclusions du traité de 1858, pour la liberté de commerce, de culte et de circulation dans tout l'Empire.

« La résidence permanente dans la capitale de l'Empire du représentant des souverains alliés est parfaitement admise.

« L'Empereur achèvera le payement des quatre millions taëls dus de la précédente guerre; il payera en outre aux alliés cinquante millions taëls aux époques ci-après désignées : »

(*Suivent les époques convenues.*)

« L'Empereur, qui a déjà payé un demi-million taëls pour l'indemnité des prisonniers morts, payera également, en sus des 56 millions (frais de guerre) une nouvelle somme d'un demi-million pour les frais d'éva cuation de Chang-Haï à Canton.

« L'évacuation de Ta-Kou n'aura lieu qu'après le payement intégral des 56 millions taëls dont il s'agit.

« L'Empereur communiquera aux alliés tous les journaux de l'Empire dans lesquels ce traité devra être inséré. Il leur communiquera également toutes ses proclamations.

« L'île de Tieng-Zo a-Tien, dans la rivière de Canton, sera livrée aux Anglais.

« Les coolies habitant la côte pourront retourner chez eux, sans crainte d'être inquiétés.

« L'émigration chinoise est permise dans tout le territoire de l'Empire.

« Fait à Pékin, en vertu du sceau impérial, etc. »

C'est ce même polyglotte chinois qui m'a fourni tous les renseignements contenus dans cette lettre, et que vous pouvez intituler : La Chine et les Chinois jugés par un fusilier au repos.

Notre existence à Tien-tsin est on ne peut plus supportable, nous sommes logés chez l'habitant, et n'était certaine visiteuse que je n'ose nommer, nous y serions parfaitement; mais encore une fois :

Du repos des humains l'implacable ennemie

ne cesse de nous poursuivre à toute heure de jour et de nuit, à ce point que nous allons être forcés d'en référer à notre ami Chienn-Feung. La Chine est trop peuplée, cela n'est que trop vrai...

Quant à la nourriture, c'est le *nec plus ultra* de l'abondance,et du bon marché : moutons, perdreaux, lièvre, canards, poulets, garnissent à l'envi nos marmites! et vous connaissez la capacité de nos marmites : on dit même que Pantagruel, avant sa mort, en avait commandé quelques-unes de ce calibre-là..... A plus tard la suite de cette digression.

Quelquefois, dans mon amour insensé pour la bonne chère, je m'en vais jusqu'à crier : Vive la Chine ! — Mais rassurez-vous, je n'ai nullement l'intention de me faire naturaliser Chinois. Je viens vite au sentiment de ma propre dignité, et alors je m'écrie plus fort que jamais et du plus profond de mon cœur : Vive la France, vivent les Français !...

A bientôt, peut-être ; mais dans tous les cas : sans adieu !

ONZIÈME LETTRE

Mort du général Collineau. — Promotions au 102e. — Premiers fruits de l'expédition. — La cathédrale de Shang-Haï.

Tien-tsin, le 10 février 1860.

Le général de brigade Collineau est décédé ces jours derniers à Tien-tsin. Sa mort est un deuil pour toute l'armée expéditionnaire.

Chacun ici avait su reconnaître en lui les brillantes qualités d'un officier supérieur jointes à celles d'un homme de cœur et d'esprit, et c'est vraiment de lui qu'on pourrait dire sans crainte de se tromper : Il était le père de ses soldats.

C'est au milieu du *far niente* que la nouvelle de sa mort est venue nous surprendre ; et, certes, je puis bien dire que jamais nouvelle n'a causé autant d'affliction. Ah! c'est qu'aussi l'espèce d'exil auquel nous sommes condamnés fait que l'on apprend mieux, de part et d'autre, à se connaître, à s'estimer et à s'aimer.

Ici, tout est commun : joies et douleurs, plaisirs et chagrins; tout est partagé ; et, n'était la pensée de me savoir si loin de mon pays, je me prendrais à désirer la continuation de notre séjour en Chine, tellement notre existence à Tien-tsin est préférable à la vie de caserne qui nous attend en France.

Notre colonel, M. O'Malley, est promu au grade de général de brigade, en remplacement du regretté M. Collineau; notre lieutenant-colonel, M. Théologue, à celui de colonel, et le capitaine de Lanchey à celui de commandant, — Ces promotions ont reçu la sanction générale de l'armée.

Nous commençons à recueillir les fruits de l'expédition. Le gouvernement de l'Empereur Chienn-Feung, convaincu enfin de sa propre faiblesse et apprenant à connaître la valeur morale aussi bien que la force des étrangers sur le compte desquels il ne recevait de ses mandarins que les rapports les plus absurdes et les plus mensongers, s'est déterminé, dit-on, à traiter convenablement avec nous, que, naguère encore il traitait de barbares, et, comme gage de ses nouveaux sentiments, il vient d'ordonner un ministère des affaires étrangères dont la direction a été confiée à l'un des membres de la famille impériale, le prince Kong, qui a négocié l'année dernière le traité de Pékin avec les ambassadeurs français et anglais. De cette façon, les affaires ne seront plus, comme autrefois, abandonnées aux lumières plus ou moins vives d'agents inférieurs ou subalternes, qui, par sottise ou par ignorance, passaient leur vie à tromper le gouvernement. Désormais, toutes les dépêches émanées des chancelleries étrangères seront soumises à l'Empereur en personne ; ce qui sera assurément la meilleure garantie possible pour la durée des bonnes relations entre les puissances.

On s'occupe activement, m'annonce-t-on, de la construction d'une cathédrale à Chang-Haï, sur les terrains concédés à la France ; on pense qu'elle pourra être consacrée à l'époque de la fête de l'Assomption, qui est également la fête de l'Empereur Napoléon : il y aurait, à cette occasion, une solennité religieuse magnifique.

Adieu, ou au revoir. — Si nous n'allons pas en Cochinchine, nous ne tarderons pas à rentrer en France.

DOUZIÈME LETTRE

Projets de départ en Cochinchine. — Dernières nouvelles concernant la Chine.

Tien-tsin, le 7 mars.

Il est toujours question d'envoyer prochainement un bataillon du 102e renforcer nos forces militaires en Cochinchine. Nous espérons même qu'il ne tardera pas à partir dans cette nouvelle contrée, où l'attendent de nouveaux combats et de nouveaux succès....

J'apprends à l'instant que le conseil du corps, qui s'est réuni avant-hier pour délibérer à ce sujet et pour désigner lequel des deux bataillons du 102e devait marcher, a porté son choix sur le premier bataillon, qui est le mien. Nous sommes tous très-satisfaits de cette conclusion; et pour ma part, je suis heureux d'appartenir à ce bataillon, qui s'est déjà si glorieusement montré en Chine, et qui va de nouveau porter ses armes victorieuses en Cochinchine.

Le général de Montauban doit quitter la Chine le 16 août pour rentrer en France par la voie de Suez, en laissant le commandement au général Jamin, promu en cours de campagne au 'grade de général de division, et chargé de terminer le rapatriement des troupes, qui a déjà commencé, excepté pour mon bataillon.

Je me suis procuré un exemplaire de l'*Almanach impérial* pour 1861, qui vient de paraître à Pékin. Pour la première fois, au dire de mon interprète, on y parle en termes convenables des étrangers, et on donne le texte des différents traités conclus avec eux.

Somme toute, de grands changements intellectuels se sont opérés dans une certaine portion des Chinois, depuis que nous sommes en rapport avec eux. Il me semble même que la Chine a cessé de s'appartenir, dans le sens rigoureux de ce mot.

Rien autre chose de nouveau sous le soleil.

Adieu! comptez toujours sur moi pour vous écrire ; soit que je reste quelque temps ici, soit que je m'en aille décidément en Cochinchine, vous ne tarderez point à avoir de mes nouvelles.

APPENDICE

PROCLAMATION ENVOYÉE AU CAMP DES REBELLES A CHANG-HAÏ (1).

Informé qu'un corps d'armée s'est rassemblé dans le voisinage de Chang-Haï, nous, commandant les forces militaires et navales de S. M. B. à Chang-Haï, faisons savoir par le présent que la ville de Chang-Haï et la colonie étrangère sont militairement occupées par les forces de S. M. B. et de son allié l'Empereur des Français, et avis est donné à tous que si des corps armés attaquent ou abordent les positions qu'elles

(1) Deux jours après cette proclamation, les rebelles ont attaqué Chang-Haï; mais ils ont été repoussés par les étrangers qui ont formé un corps de volontaires.

Aux dernières nouvelles, l'insurrection des Taï-pings réunissait beaucoup de partisans.

occupent, les agresseurs seront considérés comme ouvrant les hostilités contre les forces alliées, et qu'ils en subiront les conséquences.

Chang-Haï, 16 août 1860.

Au commandant des forces qui occupent Soochow et autres places.

Traduction de la réponse.

Le commissaire du souverain régnant en vertu du vrai décret du ciel, etc., faisons savoir :

Attendu que le terme fixé de la dynastie Tsing (Mandchoue) étant expiré, le seigneur véritable et sacré a été envoyé dans le monde pour le sauver ; et moi, ayant reçu l'honneur suprême d'accomplir l'œuvre du ciel en châtiant les crimes de la dynastie rejetée, je n'ai jamais, du moment où j'ai embrassé la cause du droit dans le Kurang-See, une seule fois combattu sans vaincre, je n'ai jamais attaqué une ville sans la prendre : il y a peu de temps, alors que nos armées occupaient Soochow, vos pays m'ont itérativement pressé d'aller à Chang-Haï discuter personnellement les diverses questions relatives au commerce étranger.

Voilà pourquoi, après avoir repris Sing-Keang, je suis venu ici, non pour chercher querelle à des nations étrangères et combattre contre elles, mais pour leur offrir un traité de libre commerce ; et maintenant que je lis la communication de vos pays, l'extravagante perversité de leur langage me cause la plus grande surprise. Je vous dirai que, sous le loyal prince, j'ai le commandement général d'un corps considérable d'officiers et d'une armée innombrable, et que nulle difficulté ne s'oppose à ce que je détruise instantanément une chétive et petite ville comme Chang-Haï. Quand donc je viens placer devant elle mes troupes immobiles, c'est réellement dans un esprit de pure considération pour notre commune foi.

Si j'avais sur-le-champ ordonné une marche hostile, les membres de la même maison se fussent tournés les uns contre les autres, et nous n'eussions pas manqué d'être la fable de la dynastie Tsing, avec laquelle vos nations sont maintenant en querelle. Il est impossible que vous ayez oublié la bataille de Tsin-Tsin. Mais, en faisant aujourd'hui la guerre, notre État n'a qu'un seul but, c'est de recouvrer notre propre pays. Nous sommes en inimitié avec la dynastie Tsing, mais nous n'avons point de querelles avec les nations étrangères.

Vos pays attachent beaucoup d'importance à un commerce libre. Eh bien ! les avantages à obtenir de nous seraient plus grands que ceux qu'accorde la dynastie Tsing ; car, après l'établissement de relations pacifiques avec nous, un commerce affranchi de toute restriction pourrait se faire partout sans exception.

Mais le caractère extravagant et perfide de la communication qui nous est parvenue est tel qu'il en devient tout à fait inexplicable ; j'en dois conclure qu'on ne tient nul compte du sentiment qui nous réunirait en un seul et même esprit, en vertu de notre commune religion, et qu'il existe peut-être une intention de nous chercher querelle.

Pour ces raisons, je fais la présente notification, pour être portée à la connaissance des nations étrangères (à Chang-Haï). Si vous désirez commercer librement en vertu d'un accord, vous pouvez venir de suite et délibérer sur les conditions d'un accord.

Si cependant vous voulez faire des difficultés et engager les hostilités, alors mes troupes marcheront comme un torrent.

Mon commandement d'aller en avant est immuable comme les montagnes, et nous ne pouvons qu'attendre le moment où la victoire et la défaite se déclareront. Je compte que vous ne voudrez pas vous attirer des malheurs (1).

Le 14e jour du 7e mois de la 10e année du Royaume-Céleste de Taë-Ping. Traduction exacte.

Signé : THOMAS TAYLOR MEADOWS, consul.
Copie fidèle : ROBERT BIDDULPH, capitaine.
A. R., secrétaire militaire.

Morning Herald du 15 novembre.

(1) Décidément, les rebelles sont tout à la fois guerriers et diplomates. Il ne leur manque qu'un peu de conviction et de loyauté.

RÉCIT DE LA CAPTIVITÉ

DE M. LE COMTE D'ESCAYRAC DE LAUTURE,

chargé d'une mission scientifique en Chine.

Sous les murs de Pékin, le 13 octobre.

En partant de Ho-Si-You, le 17 septembre, sur les quatre heures du matin, je me proposais de marcher avec l'état-major de notre armée et de laisser mes bagages avec les siens. Apprenant toutefois que nous avions devant nous M. Parkes, premier interprète de l'ambassade anglaise, et quelques cavaliers sikhs, je n'hésitai point à devancer nos troupes avec tous mes bagages.

Chemin faisant, je rencontrai un groupe parti quelques instants avant moi. Il se composait de MM. de Bastard, de Méritens, portant aux Chinois des propositions nouvelles; du capitaine Chanoine, allant reconnaître l'emplacement d'un camp, du caïd Osman et de quelques spahis, escortant nos diplomates; enfin de trois hommes plus à plaindre que moi, puisqu'on ne les a plus revus : le colonel d'artillerie Grandchamps, l'intendant Dubut et le P. Duluc, interprète du général en chef.

C'est à Ma-Tao que j'allais; ils se rendaient à Tong-Tcheou et me demandèrent si je suivais la même route. Il n'y avait que neuf lieues à faire : je les suivis. En approchant de Ma-Tao, le guide, que j'avais pris dans un village, me dit, en me montrant quelques champs plus foncés que les autres : « C'est là que campaient hier les Mongols. » Je traduisis ses paroles à mes compagnons de route, sur lesquels, malheureusement, elles ne produisirent aucune impression.

Arrivés à quelque distance de Tong-Tcheou, mon convoi m'ayant retardé quelques heures, mes compagnons de route m'y devancèrent. A trois kilomètres de la ville, je laissai mon escorte pour aller, avec mon lettré, préparer nos logements ; mais une terreur que celui-ci n'osait m'expliquer semblait le paralyser ; deux fois il se laissa tomber de cheval ; je ne pus l'y faire remonter. J'attendis alors mes bagages pour n'entrer qu'avec eux. Je traversai Kian-Kea-Wan, où l'on devait se battre le lendemain.

L'attitude de la population m'y parut assez hostile, pour que je me crusse obligé de tirer mon sabre, de mettre mon cheval au galop, et de la forcer, par cette petite charge, à disparaître dans les rues adjacentes et les maisons. En approchant de la ville, je passai les vedettes de l'ennemi, puis les grand'gardes. Mes compagnons avaient déjà fait ce chemin, et, jouet d'une illusion fatale, je les suivais sans prêter l'oreille aux suggestions de la prudence.

Comme j'entrais à Tong-Tcheou, des mandarins

vinrent au-devant de moi et m'offrirent de chercher avec moi mes logements. Je laissai là mes bagages et je les suivis ; ils ne m'offrirent rien qui me parût convenable ; ils voulurent me loger avec les Sikhs de M. Parkes, déjà trop nombreux pour une petite pagode ; il me fallait un assez vaste espace pour mes chevaux et mes voitures. Je cherchai donc moi-même et j'eus bientôt trouvé ce qu'il me fallait. J'envoyai un domestique, qui m'avait suivi, à la recherche de mes bagages ; ils n'arrivèrent qu'au bout d'une heure.

Mon ordonnance, qui les conduisait, était, en arrivant, d'une humeur massacrante ; elle se plaignait d'avoir été promenée dans la ville par les mandarins, qui prétendaient faussement connaître le lieu où j'étais descendu, c'était un nouvel avertissement du ciel : je le méconnus comme les autres. Je ne me préoccupai point dans la journée de retrouver mes compagnons de route. J'étais fatigué d'ailleurs, ayant été récemment malade ; je fis seulement quelques pas dans les rues : la population s'empressait à me voir ; son attitude n'était pas bienveillante, mais rien n'annonçait une catastrophe prochaine, ou du moins mon aveuglement me cachait de funestes présages.

Le lendemain, après avoir déjeuné, sur les onze heures et demie, je sortis pour me promener encore dans la ville. J'avais l'espoir d'y rencontrer les nôtres, qui avaient dû arriver dans la matinée ; je fus surpris de n'en voir aucun dans les rues que je traversais. Je m'éloignai de près de deux kilomètres ; puis je voulus regagner la maison. A peine avais-je fait quelques pas dans cette direction nouvelle, que j'entendis derrière moi un grand tumulte et de grands cris.

Je me retournai ; la foule me suivait depuis longtemps ; mais ici il n'y avait plus à s'y méprendre : c'était un attroupement hostile. Je m'arrêtai. Je lui fis face et menaçai ceux qui poussaient contre moi des cris de mort de la vengeance des miens. Je jetai les yeux autour de moi : une multitude furieuse sortie des maisons, des boutiques, des pagodes m'entourait de tous côtés.

Frappant de ma canne ceux qui se jetaient sur moi, je poussai les cris de : « France! France!... A moi!... Trahison!... » Une clameur immense étouffait ma voix. Saisi par cent mains, lancé à terre, foulé aux pieds, je voyais les uns courir chez les barbiers, les autres chez les bouchers, pour s'y procurer des instruments de mort. Tout d'un coup je fus relevé ; la foule grondant toujours, s'ouvrit un peu ; un mandarin à boutons de cristal la contenait ; il m'avait pris le bras.

« Je veux rentrer chez moi, » lui dis-je. J'y avais deux revolvers et un sabre ; j'y avais le soldat qui me servait et ses armes, deux chevaux que l'on pouvait brider à la hâte. De chez moi à la pagode, occupée par les Sikhs, il n'y avait pas assez loin pour que quatre ou cinq hommes jetés par terre ne me permissent de l'atteindre, et, une fois réuni à 24 braves cavaliers, la lutte devenait égale. Le mandarin voulait me conduire chez le magistrat de la ville ; je vis qu'il fallait en passer par là.

Arrivé au ya-mun, on me fit entrer dans la cour, les portes se refermèrent sur la foule ; les soldats m'entourèrent, me saisirent par les manches du petit burnous blanc que je portais, puis par les bras. Je demandai à voir le magistrat : on se mit à rire. Je me tus et j'attendis.

Quiconque n'a pas vu les édifices publics des Chinois ne saurait s'en faire une idée. Ces édifices, ou plutôt ces baraques entourant de grandes cours, sont bas et misérablement construits; neufs, ils ont été bariolés de diverses couleurs; on y a grossièrement peint des dragons ou des dieux ; les cours ont été ornées de mâts et fermées de grilles rouges.

Mais ces constructions, de briques et plus encore de bois, analogues à des boutiques ou à des théâtres forains, sont aussi peu de temps neuves que rarement réparées; aussi présentent-elles presque partout le même aspect lugubre et dégoûtant : des cours pleines d'herbes, des peintures détrempées par la pluie, des mâts courbés ou fendus, des grilles à demi brisées, des châssis défoncés et dont la doublure en papier pend par sales lambeaux.

Qu'on ajoute à ce tableau les figures qui l'animent d'ordinaire, des soldats misérables conduisant de hâves criminels, des valets déguenillés, coiffés de chapeaux en pointe ou de couronnes de cuivre doré, escortant quelques mandarins à l'air cauteleux et grimaçant, marchant derrière un parasol déchiré, et l'on aura une exacte peinture du spectacle que j'avais sous les yeux.

Vers les deux heures, à un appel venu du dehors, les soldats qui me gardaient prirent les armes. Un mandarin précédé d'une quinzaine de soldats entra dans la cour ; le mandarin me salua avec une apparente déférence ; les soldats m'entourèrent comme mûs par une innocente curiosité. J'étais en pleine confiance, quand, tout d'un coup, à un signe du mandarin, je fus à la fois saisi par les épaules, par les bras, par les jambes, et jeté la face contre terre.

On me lia alors les mains et les pieds derrière le dos, en joignant les mains aux pieds par une corde qui pouvait avoir un pied de long. On m'arracha ma montre et mon mouchoir, que je vis passer dans les mains du mandarin qui présidait à cette brutale arrestation ; deux hommes, me soutenant par les deux extrémités de la corde qui joignait mes pieds à mes mains, me portèrent, suivis de tous les autres, dans la cour d'un ya-mun éloigné d'environ 150 pas.

Mes pieds étaient garantis par des bottes ; tout le poids de mon corps pesait sur mes mains étroitement garrottées. Dans la cour du ya-mun, on me jeta sur le dos. Je promenai autour de moi mes regards. La cour était pleine de soldats qui, comme tous ceux auxquels j'avais eu affaire jusqu'alors, appartenaient à la milice provinciale, à l'infanterie régulière, ou faisaient partie de la maison militaire de quelque mandarin d'un rang élevé. Des appels bruyants, ou plutôt de grands cris, s'échangeaient d'un bout de la cour à l'autre.

L'ordre de me mettre à mort venait d'être donné et transmis de la sorte, quand je vis entrer dans la cour, portés à la main, deux objets sans forme et sans nom. Je crus d'abord que c'étaient des criminels chinois, et que, pour ajouter à mon supplice, on allait m'exécuter avec eux. L'un d'eux, cependant, me reconnut et me demanda, en français, ce qu'on allait faire de nous : « On va nous tuer, lui dis-je; mais la France nous vengera. » Je poussai le cri de : *Vive l'Empereur!* et d'une voix plus basse, je priai Dieu de prendre ma mort en expiation de mes fautes.

Tous les soldats s'étaient précipités sur moi... Les ordres de mort qui avaient été donnés n'étaient qu'une honteuse comédie! Saisis de nouveau par nos cordes, on nous jeta dans des charrettes. Je me trouvai dans l'une d'elles avec l'homme qui m'avait parlé. Je lui demandai qui il était; il me répondit que lui et son camarade étaient les ordonnances du capitaine Chanoine ; qu'ils avaient été pris hors de la ville; que le capitaine, qui se trouvait en avant, devait avoir pu s'échapper.

Nos charrettes se mirent en marche, escortées par des cavaliers mongoux et suivies d'une foule immense qui nous poursuivait de ses huées, de ses injures, de ses menaces. Les gens qui nous conduisaient avaient eu soin de remplir la charrette de clous à tête plate, semblables à nos clous de tapissiers. J'étais surtout l'objet de cette persécution.

On poussait les clous de mon côté, ils n'étaient heureusement pas très-longs; ils ajoutèrent toutefois d'une manière notable aux souffrances que je ressentais déjà. A deux ou trois kilomètres de la ville, le camp tartare se présenta devant nous. Notre convoi s'arrêta; on nous enleva des voitures, on nous porta dans la cour d'une petite pagode; on me jeta la face la première sur un tas de paille, afin, dit-on, que mon sang souillât le moins possible le sol.

L'ordre de nous couper la tête était de nouveau donné. Plusieurs mandarins, dont aucun ne portait le bouton rouge, insigne du premier et du second rang, vinrent successivement nous examiner. Ils me remuaient avec les pieds pour me mieux voir. Je supportai avec patience cette nouvelle injure, espérant qu'une mort prompte allait mettre fin à mes souffrances. Je me fis ôter ma cravate, mais nous ne fûmes pas plus exécutés là qu'à Tong-Tcheou.

Rejetés dans nos charrettes, nous subîmes encore l'examen d'une quarantaine de cavaliers mieux montés que les autres, et qui me parurent être l'état-major même de l'armée. Je ne pouvais juger des grades ni me rendre un compte exact des plumes qui ornaient leurs chapeaux, ne pouvant les contempler que de bas en haut. Ils étaient vêtus comme les soldats d'une longue robe grise, jaunâtre ou bleue; tous portaient le chapeau d'hiver et des bottes de soie noire.

Parmi les cavaliers, les uns portaient des arcs et des flèches, les autres étaient armés de lances, quelques-uns avaient des mousquets, d'autres seulement deux sabres passés dans la selle, à droite et à gauche, sous la jambe du cavalier. On nous remit en marche. A trois kilomètres de là, nous fûmes soudain croisés par trois ou quatre cents cavaliers évidemment en déroute.

« Sauvez-vous ! sauvez-vous ! » crièrent-ils à notre escorte.

Notre escorte se consulta un instant ; immolerait-on les prisonniers ? les garderait-on comme otages ? On retourna les voitures et nous partîmes au galop, croyant sentir le voisinage de nos troupes. Espérant que la cavalerie anglaise était sur nos traces, je ne cessai de crier : « France !... à moi !... France !... trahison !... *England !... help !... Dragoons.. help !..* » Ces cris me valurent bon nombre de coups de lance, mais sans faire autre chose que de me piquer.

Après une heure d'une course effrénée sur des clous pointus et une route raboteuse, nous nous arrêtâmes un instant. On en profita pour serrer mes liens avec plus de force, on y introduisit des coins de bois ; on les tordit à l'aide d'une baguette ; on les arrosa pour les faire gonfler. Notre route se continua à une allure plus modérée et par des chemins inconnus ; nous traversions des troupes innombrables de cavalerie.

Partout, sur notre passage, de jour comme de nuit, la population, évidemment prévenue d'avance, était sur pied et nous accablait d'injures. A chaque relais, le maître de poste ou quelque autre personnage venait nous reconnaître. On nous soulevait alors la tête, qu'on laissait ensuite retomber sur l'oreiller de clous dont j'ai déjà parlé. Le soldat qui partageait ma charrette, atteint de trois blessures, ne cessait de s'agiter; ce qui me causait de cruelles douleurs, et de demander à boire, ce qui nous attirait, à l'un comme à l'autre, bon nombre de coups de bois de lance.

J'ignore où on nous mena pendant la nuit. — J'ai eu depuis quelque lieu de croire que nous fûmes conduits au palais que l'Empereur occupait hors la ville, — palais auprès duquel on rencontra depuis des effets ayant appartenu à d'autres prisonniers qui y avaient subi d'horibles tortures. Vers le point du jour, nous franchîmes une muraille élevée, épaisse, flanquée de tours. La longueur de la route que nous avions faite depuis Tong-Tcheou me fit d'abord penser que c'était la grande muraille.

Des deux côtés, le large chemin que nous suivions était bordé d'arbres, de jardins, de maisons basses, de baraques, de boutiques, de ya-mouns et de pagodes; tout cela jeté comme au hasard, sans ordre et sans suite, ne présentait guère à l'esprit l'image d'une grande ville, mais plutôt celle des abords de quelque résidence impériale. Une foule compacte et plus heureuse que toutes celles que j'avais vues jusque-là, grouillait autour de nous.

Pendant cinq heures, ce théâtre et ces personnages

ne changèrent point. Nous avions franchi une nouvelle enceinte, et il était à peu près dix heures du matin quand, arrivés devant quelque chose qui ressemblait à l'entrée d'un ya-moun, on m'enleva de dessus la charrette, toujours à l'aide des mêmes procédés. On me fit traverser plusieurs cours ; mes liens furent enlevés ; on me mit les fers au cou, aux pieds et aux mains ; puis l'on me porta plutôt que l'on ne me conduisit jusqu'au seuil d'une petite chambre, aussi sale que peut l'être une chambre chinoise, au fond de laquelle trônait un mandarin à bouton foncé.

« A genoux ! me dit-il.

— A genoux ! me cria son entourage.

— Je suis mandarin français, répondis-je, je ne dois point m'agenouiller. »

Ceux qui me tenaient par les bras me lâchèrent, et, ne pouvant me tenir debout dans l'état d'épuisement où j'étais, ce n'est pas à genoux, mais à plat ventre, que je me trouvai. On me demanda mon nom, je le donnai ; on me demanda mon emploi et mon rang ; je répondis que j'étais mandarin civil du 4e rang. L'ordre fut alors de nouveau donné de me mettre à mort. De mauvais sabres furent aiguisés ; puis, précédé et suivi des gens qui en étaient armés, je fus conduit dans une petite cour où mon cortége s'arrêta.

Je me crus alors autorisé à adresser une demande au mandarin à bouton blanc, qui m'avait mené là. Je lui demandai de me faire donner de l'eau : depuis vingt-quatre heures je n'avais ni bu ni mangé, et depuis vingt heures je subissais une torture permanente, aggravée à chaque village que je traversais par des hommes ou plus souvent des enfants, qui venaient arroser de nouveau mes liens, les tirer ou les tendre, en glissant dessous des pierres ou des morceaux de bois. Le mandarin me fit donner une tasse d'eau, puis lui et ses estafettes me quittèrent.

Une soixantaine d'individus m'entouraient, les uns vêtus un peu plus mal que la classe moyenne ne l'est en Chine, les autres mal couverts de haillons abjects et comme moi chargés de fers. Quelques hommes coiffés de chapeaux d'été à flèche rouge me soutenaient ; ils me permirent de m'asseoir, puis de m'étendre sur la terre. Je pus alors ramener mes mains sur ma poitrine et les regarder ; elles étaient gonflées, noires, engourdies et froides.

Les doigts étaient couverts de phlyctènes gangréneuses ; les poignets déchirés formaient une plaie dégouttante de sang et de pus ; mais enfin mes liens avaient été enlevés et je pouvais étendre mes membres réunis depuis vingt heures par une contraction violente. Les prisonniers m'adressèrent quelques questions ; j'y répondis. « Il parle, dirent-ils, » et aussitôt les uns de m'apporter du thé, les autres du fruit. En moins d'une demi-heure je bus plus de trente tasses de thé, et je mangeai un ou deux des fruits qui m'avaient été offerts. On m'introduisit bientôt dans la salle qui servait de logement aux prisonniers, et l'on m'y coucha sur un lit de camp que l'on avait couvert d'un feutre. Ma chaîne, pour me gêner moins, fut, par le milieu de sa longueur, suspendue au plafond.

La salle dans laquelle j'avais été conduit était longue d'environ 15 mètres, large de 5, bordée sur ses deux faces les plus longues de lits de camp. En face de la porte située au centre d'un des grands côtés couchaient les gardiens, à gauche en entrant les condamnés sans chaînes. C'est de ce côté que l'on m'avait mis. Le côté droit, moins honorable aux yeux des Chinois, était réservé aux enchaînés. Ceux-ci dormaient sur le bois, les autres sur des matelas qui leur appartenaient ; ceux-ci recevaient du gouvernement une pâture insuffisante consistant en riz avarié ou en bouillie de sorgho ; ceux-là se nourrissaient à leurs frais ou à ceux d'un prisonnier chargé de la cuisine et auquel cette prestation était comptée à un certain taux de jours et de mois dont le temps de sa captivité devait être diminué.

Notre porte ouvrait sur une cour de dimensions à peu près égales à la prison, laquelle n'avait qu'un étage et n'était fermée sur la cour que par un mur de quatre pieds de haut et des barreaux de bois ; à un bout de cette cour, sur la gauche en sortant de la prison, se trouvait une petite chapelle bouddhiste ; à droite se trouvait la cuisine ; entre la cuisine et contre l'un des petits côtés du bâtiment principal, se trouvait une petite cour servant de latrines à tous les prisonniers et contre les murs de laquelle s'asseyaient pendant le jour les enchaînés, admis seulement de nuit dans la prison.

A peine couché sur le lit de camp, je m'endormis; je dormis longtemps. Pendant les quatre premiers jours, je ne pus manger que quelques fruits offerts par les prisonniers. C'est au bout d'une dizaine de jours seulement que je pus faire quelques pas sans être soutenu. Dès le second jour, mes mains me causèrent une douleur insupportable; j'avais quelques autres blessures assez légères, mais je ne me les rappelais que lorsqu'elles étaient atteintes par quelque choc. J'avais bien dormi la première nuit; mais pendant les vingt jours et les vingt nuits qui suivirent, mes mains me permirent peu de sommeil.

Je passais la nuit, comme le jour, sur mon lit de camp, tantôt accroupi, les mains appuyées sur les genoux, tantôt couché et les mains au-dessus de la tête. Mes vêtements, mon visage étaient couverts d'un pus infect. Les phlyctènes tombèrent, mais bientôt mes mains ne furent plus qu'une plaie. Assiégé par les mouches, les vers s'y mirent. Un médecin chinois, à l'œil fin et spirituel, qui était venu me voir par curiosité, mit sur mes plaies une poudre qui paraissait contenir de la myrrhe. Cette poudre fit disparaître les vers. Il écrivit une petite ordonnance et laissa quelques sapèques à l'aide desquels on acheta un peu d'une huile épaisse et jaunâtre appelée *hoang-ycou-koo*, avec laquelle les prisonniers purent me faire deux pansements.

Malheureusement, je n'avais pas un morceau de toile pour couvrir mes plaies. Un prisonnier m'apporta une petite loque bleue que, pendant quinze jours, je promenai d'une main à l'autre. Les prisonniers étaient, en général, pleins d'attention pour moi ; sans leur assistance, je n'aurais pu ni boire, ni manger, ni faire un pas. De jour et de nuit je les trouvais disposés à me rendre tous les services.

La nourriture qui m'était allouée était aussi misérable qu'insuffisante. C'était une tasse de riz détestable et quelques queues d'oignons salées, le matin et le soir. Je souffrais continuellement de la faim. Quelques enfants bien sages dont ma vue était la récompense, des visiteurs musulmans, avec lesquels j'avais parlé du Coran, m'apportèrent des fruits et des gâteaux. Les prisonniers m'en donnaient aussi de temps à autre, ou partageaient avec moi leur pitance ; tous n'avaient cependant pas pour moi la même bienveillance.

Un jour que l'on m'avait, pour quelques instants, fait asseoir dans la cour, un enchaîné, que je n'avais point encore vu, et qui était arrivé du jour même, vint, comme faisaient les autres, regarder mes bottes, palper mes vêtements. Il me fixa du regard :

« Sais-tu, me dit-il, qui je suis ?

— Je n'en sais rien, répondis-je.

— Eh bien ! je suis un voleur de grande route, un homme qui tue les autres : si jamais tu as encore de l'argent, j'espère te rencontrer sur quelque chemin.

— Ah ! lui dis-je, si j'étais sur un chemin et

libre, il me serait bien indifférent de t'y rencontrer.»

Cette réponse fit rire ceux qui nous écoutaient. Le haut bout de la prison était tenu par sept mandarins dégradés et condamnés pour divers crimes. Mon meilleur ami était un jeune homme de vingt-deux ans, enfermé depuis deux ans pour avoir tué un homme qui faisait la cour à sa maîtresse. Sa mère, qui pouvait avoir cinquante ans, venait le voir de temps à autre : l'affection de ces deux malheureux l'un pour l'autre avait quelque chose de touchant.

Il y avait aussi là un homme, d'une cinquantaine d'années, que l'on appelait Kouan-Tsou ; il était pour moi d'une extrême complaisance. Un jour que nous étions seuls dans la salle commune, il se départit du silence qui lui était habituel :

« Il y a sept ans, me dit-il, que je suis ici. — Qu'avais-tu fais pour y venir? — J'avais introduit du plomb dans des lingots d'argent. Y a-t-il en France, des gens qui en fassent autant? — Il y en a eu, lui dis-je.»

Il se mit à rire silencieusement et regarda ses pieds, ce qui était son habitude ordinaire lorsqu'il n'avait pas la distraction de me servir. Je repris la conversation :

« Comment s'appelle le lieu où nous sommes? lui dis-je.

— Il s'appelle Hing-Pou (ministère de justice), me répondit-il.»

C'était le nom du tribunal criminel.

N'en sachant rien, je crus que c'était celui d'une ville ou d'un village, bien que nous fussions à Pékin, dans la ville tartare. Il me dit ensuite que la prison où nous étions comptait neuf chambrées pareilles à la nôtre, et que le nombre des condamnés, qui s'y était élevé quelquefois à sept cents, était, pour le moment, de quatre cents seulement. Il finit en m'engageant à me confier à Bouddha, et à répéter de temps à autre l'invocation sacrée à A-mi-to-fu.

Deux fois je fus interrogé par un mandarin à bouton bleu clair. Après m'avoir regardé un instant, se tournant vers deux mandarins d'un rang moins élevé qui l'accompagnaient, il leur dit en me montrant :

« Voilà encore un de ces rebelles à longs cheveux (chang-mao, longue laine) qui viennent de la province de Canton.

— Je ne viens pas de la province de Canton et je ne suis pas rebelle, n'étant pas sujet de votre Empereur. »

Le mandarin feignit de ne pas entendre ma réponse.

Après m'avoir demandé mon nom et mon rang, le mandarin me demanda si je n'étais pas Russe. Je répondis que j'étais Français. Il me demanda alors combien les Russes et les Américains avaient amené de troupes. Je répondis que n'étant point en guerre contre la Chine, ils n'en avaient point amené. Il voulut savoir le nom de l'Empereur, qu'il qualifiait de prince des Français, par qui il avait été nommé; s'il tenait ses pouvoirs du chef du Céleste-Empire, s'il portait un bouton de mandarin ; enfin, s'il viendrait en Chine.

Je répondis à ces questions que l'Empereur des Français, qui pouvait armer 800,000 hommes, tenait son pouvoir de Dieu et de son peuple, et qu'il ne viendrait point en Chine, devant rester dans son pays pour le défendre par lui-même s'il était jamais attaqué. Cette impertinence à l'adresse du jeune Empereur chinois, qui ne sait monter à cheval que pour prendre la fuite, passa inaperçue, parce que leur Empereur est, pour les Chinois, un personnage trop élevé pour qu'ils puissent se le figurer combattant lui-même et exposant sa propre vie.

Le mandarin me demanda si j'étais musulman; pourquoi l'on avait trouvé chez moi des livres musulmans; pourquoi, sur ma route, j'avais visité les mosquées. Il me parut qu'il était disposé à croire que je m'étais mis en relations avec les musulmans afin de les soulever. Je répondis que j'appartenais à la religion du Tien-Tchou (Seigneur du ciel), et que l'histoire de l'islamisme en Chine était le seul intérêt qui m'avait amené à visiter les mosquées. Il me demanda ensuite combien de troupes nous avions marchant sur Pékin et combien de temps nos troupes avaient mis pour venir d'Europe.

Je lui dis que nous avions 20,000 hommes en marche, qu'ils s'augmentaient de fréquents renforts, et que le trajet d'Europe en Chine s'effectuant en deux mois, nous aurions bientôt ici 60,000 hommes tant chrétiens que musulmans. La mention de musulman fit faire une grimace à mon interrogateur; aussi, bien qu'il m'eût parfaitement compris, se tourna-t-il vers ses deux acolytes pour leur dire qu'il ne pouvait comprendre un mot de ce que je venais de lui dire. Ceux-ci déclarèrent immédiatement qu'ils ne comprenaient rien non plus.

On me questionna sur le nom et le rang des généraux, des ambassadeurs, etc. On me dit que pour un mandarin de rang élevé, je n'étais pas très-bien vêtu. Je fis observer que mes vêtements d'étoffe blanche étaient déchirés et souillés par le fait de ma capture. Je ne pus m'empêcher d'ajouter que peu de jours auparavant j'avais de nombreux domestiques, des bagages considérables, des voitures, des chevaux, des mulets ; que l'on m'avait tout enlevé, que l'on m'avait estropié les mains, que l'on m'avait chargé de fers, mêlé à des criminels, bien que j'eusse été pris en plein armistice ; que notre général, agissant d'après d'autres principes, avait, au fort du Péi-Ho, rendu leur liberté à 3,000 soldats chinois pris les armes à la main.

On me demanda quelle était ma mission et si je ne tenais pas à la diplomatie.

Je répondis que j'y avais un rang, mais que je n'en exerçais pas les fonctions ; que mon souverain m'avait envoyé pour étudier les coutumes de la Chine ; que chaque peuple avait sa spécialité ; que si les Chinois faisaient bien la porcelaine, les Européens fabriquaient bien le verre ; que les Chinois ne pouvaient construire nos montres ni nos machines ; que nous leur avions pris le sorgho ; qu'eux-mêmes pourraient gagner à nous mieux connaître ; que je me proposais de voyager en Chine, non point déguisé comme un conspirateur, mais à visage découvert, avec une suite convenable et accompagné par des officiers désignés par le gouvernement chinois ; que mon but n'avait rien de caché ni de criminel, et que ma mission, si elle était bien comprise par ceux qui gouvernent le Céleste-Empire, leur serait peut-être même plus utile qu'elle ne pourrait peut-être l'être à mon propre pays. Le mandarin dit que les explications que je venais de donner montraient un homme intelligent. Il me demanda si je fumais l'opium.

« Je lui dis que non.

— Ce que je pensais de cette pratique.

— Que je la regardais comme mauvaise.

— Pourquoi alors je vendais de l'opium.

— Que je n'en avais jamais vendu ; que l'on n'en récoltait pas dans mon pays ; que les Français n'en faisaient pas le commerce. »

Le quatorzième jour après mon entrée au hing-pou, on me conduisit devant un nouveau mandarin à bouton bleu clair, qui s'exprimait avec beaucoup de politesse. Il me dit qu'il regrettait qu'on m'eût traité d'une façon peu convenable ; que je serais mieux à l'avenir ; que j'allais être le prisonnier de Wang-Yeh ; que j'allais être conduit au Kao-miao. Il me fit enlever mes fers et me fit monter en voiture. Je traversai de nouveau la ville tartare ; j'en franchis l'enceinte, et, suivi d'une foule compacte mais silencieuse, j'atteignis le Kao-miao où j'avais été précédé la veille par MM. Parkes et Locke ; les trois soldats et le sikh dont j'ai parlé plus haut y furent menés deux ou trois jours plus tard. J'y fus placé seul, dans une petite chapelle de côté, ornée de quelques idoles, renfermant un cercueil enveloppé de papier peint, et proprement meublée pour me recevoir ; j'étais servi par deux gardiens.

Dès le lendemain de mon arrivée au Kao-miao, le mandarin qui m'y avait fait conduire vint s'informer de la façon dont je me trouvais ; il me dit que je pourrais demander ce que je voulais, comme du tabac... Je ne demandai rien, quoique la privation du tabac me fût désagréable : il m'envoya des vêtements chinois ; l'on m'en revêtit après m'avoir enlevé les miens que je gardais depuis quinze jours souillés de toutes sortes d'ordures et remplis de vermine. On ne songea pas à prendre soin de mes plaies.

Sous le rapport de la nourriture, j'étais aussi bien traité que je l'avais été chez Tahang, mandarin de 1re classe, chez qui je demeurai à Tien-tsin, ou que j'aurais pu l'être, vivant à mes frais à la chinoise. En me levant, on m'apportait une sorte de semoule sucrée. Dans le jour, on me servait des fruits et des gâteaux. Mes deux repas se composaient également de six hors-d'œuvre et de huit plats, deux grands et six petits : canards bouillis, jambon aux choux, viande de mouton et de bœuf, estomacs de poissons, holothuries, haricots verts, etc.

Dans ma nouvelle prison, je fus visité deux fois par un mandarin de second rang, ancien yue-haî de Canton, nommé Heng-Hi. Il fut pour moi d'une politesse extrême, m'apporta quatre corbeilles de magnifiques fruits et de gâteaux excellents. Il m'annonça que je serais bientôt libre. Je le remerciai froidement, pensant bien que ces bons offices n'avaient d'autres motifs que la peur.

Il m'invita à écrire au camp pour demander des effets et faire savoir que j'étais bien traité; je finis par céder à ses instances, et, à l'aide d'un pinceau placé dans ma bouche, je traçai quelques mots pour demander quelque argent que je voulais donner à mes gardiens, et des effets ; j'ajoutai que j'étais bien traité depuis deux jours. Cette lettre fut montrée à M. Parkes et ne fut point envoyée.

Il y avait sept jours que j'étais au Kao-miao, quand un matin, au moment où je venais de me lever, un vieux gardien, grand fumeur d'opium, mais fort bon homme, m'ayant frappé sur l'épaule, me dit à l'oreille :

« Je suis votre ami, et je suis content de pouvoir vous dire qu'aujourd'hui, après déjeuner, vous serez mis en liberté. »

Vers les deux heures, Heng-Hi vint m'annoncer officiellement que j'allais être conduit auprès des miens, et m'invita à monter en voiture. Je lui demandai si mon lettré et mon domestique seraient mis en liberté, il me répondit par des paroles vagues; il était inutile d'insister auprès de lui. On m'avait rapporté mes effets; ils n'avaient point été lavés. Je les revêtis néanmoins, ne voulant rien garder qui me vînt des Chinois. Je partis; plusieurs autres voitures précédaient et suivaient la mienne.

La populace remplissait les rues, pareilles à celles que j'avais traversées déjà. Pékin n'est qu'un immense village. Le général Ignatieff, ambassadeur russe, qui en a fait le plan, pense que sa population est au plus de 600,000 âmes. La foule était évidemment hostile, mais peut-être plus aux mandarins qu'à nous-mêmes; les agents de police l'écartaient à coups de fouet. Nous franchîmes les portes de la ville, nous longeâmes les murs, trouvâmes un petit faubourg à l'extrémité duquel on nous arrêta devant une petite pagode.

Un Européen, descendu d'une autre voiture, vint me demander mon nom; il me dit qu'il était M. Locke, secrétaire de lord Elgin, et m'engagea à entrer dans la pagode, où je verrais M. Parkes et où une collation nous attendait. Je le suivis. M. Parkes était pâle et fatigué; il avait évidemment beaucoup souffert; c'est sous le pavillon parlementaire même qu'il avait été traîtreusement pris. Nos soldats, s'approchant de moi, me demandèrent avec anxiété ce qu'on voulait encore faire d'eux.

« Mes enfants, leur dis-je, vous êtes libres; nous touchons aux avant-postes anglais. »

Ce fut alors une scène indescriptible, un embrassement général. Notre sikh, qui était là aussi, nous embrassa tous sans savoir de quoi il s'agissait.

Un mandarin d'un rang inférieur fut chargé de nous remettre au général en chef de l'armée anglaise.

Quelques minutes plus tard, quatre habits rouges et quatre baïonnettes anglaises se dressaient devant nous. A cette vue, je sentis mon cœur inondé de joie. Ces quatre baïonnettes que je voyais se refermer derrière nous, c'était la porte de ma maison, et derrière cette porte ma famille, mon pays, mes amis, et cette armée française, si chère à tous ceux qui ont partagé, ne fût-ce qu'un instant, ses rudes labeurs et ses nobles aspirations.

La bienveillance et la sympathie touchante avec lesquelles moi et mes compagnons d'infortune fûmes accueillis par lord Elgin, le général Hope Grant et leur entourage, ne s'effaceront jamais de mon souvenir. Je fus traité là comme un frère. Le lendemain j'arrivais au camp français, et me retrouvais, grâce à Dieu, au milieu de tant d'amis, inquiets de mon sort, joyeux de mon retour, et que j'avais plusieurs fois désespéré de revoir.

SIGNATURE DU TRAITÉ DE PAIX.

Pékin, 26 octobre 1860.

MONSIEUR LE MINISTRE,

Je m'empresse de vous faire parvenir une copie de la convention que j'ai signée hier avec le prince Kong, frère de l'Empereur, et je vous envoie aussi une copie du procès-verbal de l'échange des ratifications du traité de Tien-tsin, échange qui a eu lieu dans la même séance.

Notre succès est complet et dépasse toutes mes espérances.

Le 25, jour fixé pour la signature de la convention, je suis sorti de la ville à huit heures du matin, et j'y suis rentré officiellement avec 2,000 hommes de toutes armes, formant cortége. Le drapeau du 101e, celui du 102e et celui de l'infanterie de marine précédaient mon palanquin, porté par huit coolies en livrée et avec des franges tricolores sur leurs bonnets.

Le traité de Tien-tsin et les sceaux de l'ambassade étaient portés devant moi par quatre sous-officiers des différents corps ; une section d'artillerie à cheval suivait mon palanquin et était suivie elle-même par plusieurs bataillons d'infanterie. Dans l'intérieur de la ville, une haie de fantassins garnissait une partie du parcours.

A l'entrée de la ville, quinze mandarins en grande tenue et à cheval sont venus me recevoir, me complimenter et me conduire auprès du prince, qui m'attendait au *Li-Pou*, ou tribunal des rits. Nous avons mis près de deux heures pour arriver au *Li-Pou*, et nous avons traversé les flots d'un peuple plus curieux que malveillant.

Quand mon palanquin est entré dans la cour qui précédait la salle disposée pour la signature de la convention, et que j'ai vu ce jeune prince se lever avec toute sa suite et venir au-devant de moi, j'ai fait arrêter les porteurs et je suis allé à pied rejoindre le prince avant qu'il eût franchi le seuil de la salle. Il m'a tendu la main que j'ai prise en m'inclinant, et je lui ai dit que je le remerciais d'avoir bien voulu envoyer des mandarins pour me recevoir aux portes de la ville.

J'ai ajouté que je me trouvais heureux de venir signer avec lui une paix qui, je l'espérais bien, ne serait jamais troublée à l'avenir, et j'ai dit ensuite que je n'exprimais que les sentiments de S. M. l'Empereur des Français, en formant les vœux les plus sincères pour qu'il en fût ainsi.

Le prince m'a donné la main une seconde fois et m'a indiqué le fauteuil préparé pour moi à sa gauche, place d'honneur en Chine; le général de Montauban a été placé à ma gauche, et les officiers de son état-major et de l'armée ont occupé le côté gauche de la salle.

M. de Bastard, M. de Vernouillet, secrétaires, et les deux interprètes de la mission étaient entre le prince et moi. Une foule de mandarins à globules de toutes couleurs remplissaient le côté droit de la salle; tous, et le prince comme les autres, étaient en robe de cérémonie, avec leurs doubles chapelets d'ambre autour du cou. Le prince seul ne portait aucun globule sur son bonnet d'hiver.

Chacun ayant pris sa place, j'ai prié Son Altesse impériale de vouloir bien signer le premier les quatre textes chinois de la convention de Pékin, et j'ai signé le premier les quatre textes français. Quand les signatures ont été données et les sceaux appliqués sur les huit exemplaires, j'ai dit au prince que, la paix étant heureusement rétablie entre les deux empires, une salve de 21 coups de canon allait être tirée par l'artillerie française, et je lui ai annoncé que j'allais demander immédiatement au commandant en chef de l'armée française de faire cesser toute hostilité qui n'aurait pas un caractère purement défensif, ce que j'ai dit tout de suite à M. le général de Montauban.

Cette partie du programme remplie, on a procédé à l'échange des ratifications du traité de Tien-tsin; mais avant cela le prince Kong m'a fait remarquer qu'il était venu, plein de confiance et sans un seul soldat tartare ou chinois, se placer au milieu d'une armée française tout entière. Je lui ai répondu que cette confiance me prouvait que Son Altesse impériale connaissait la loyauté du souverain que j'avais l'honneur de représenter et dont j'avais à exécuter les ordres.

Veuillez agréer, etc. Baron GROS.

TRAITÉ DE PAIX

CONCLU A PÉKIN, LE 26 OCTOBRE 1860, ENTRE S. M. L'EMPEREUR DES FRANÇAIS ET S. M. L'EMPEREUR DE CHINE.

Sa Majesté l'Empereur des Français et Sa Majesté l'Empereur de la Chine, voulant mettre un terme au différend qui s'est élevé entre les deux empires, et rétablir et assurer à jamais les relations de paix et d'amitié qui existaient entre eux, et que de regrettables événements ont interrompues, ont nommé pour leurs plénipotentiaires respectifs, savoir : Sa Majesté l'Empereur des Français, le sieur Jean-Baptiste-Louis, baron Gros, sénateur de l'Empire, ambassadeur et haut commissaire de France en Chine, grand officier de l'ordre impérial de la Légion d'honneur, chevalier grand'croix de plusieurs ordres, etc. ; et Sa Majesté l'Empereur de la Chine, le prince de Kong, membre de la famille impériale et haut commissaire ;

Lesquels, après avoir échangé leurs pleins pouvoirs, trouvés en bonne et due forme, sont convenus des articles suivants :

ARTICLE 1er.

Sa Majesté l'Empereur de la Chine a vu avec peine la conduite que les autorités militaires chinoises ont tenue à l'embouchure de la rivière de Tien-tsin dans le mois de juin de l'année dernière, au moment où les ministres plénipotentiaires de France et d'Angleterre s'y présentaient pour se rendre à Pékin, afin d'y procéder à l'échange des ratifications des traités de Tien-tsin.

ARTICLE 2.

Lorsque l'ambassadeur haut commissaire de Sa Majesté l'Empereur des Français se trouvera dans Pékin, pour y procéder à l'échange des ratifications du traité de Tien-tsin, il sera traité, pendant son séjour dans la capitale, avec les honneurs dus à son rang, et toutes les facilités possibles lui seront données par les autorités chinoises pour qu'il puisse remplir sans obstacle la haute mission qui lui est confiée.

ARTICLE 3.

Le traité signé à Tien-tsin, le 27 juin 1858, sera fidèlement mis à exécution dans toutes ses clauses, immédiatement après l'échange des ratifications dont il est parlé dans l'article précédent, sauf, bien entendu, les modifications que peut y apporter la présente convention.

ARTICLE 4.

L'article 4 du traité de Tien-tsin, par lequel Sa Majesté l'Empereur de Chine s'engage à faire payer au gouvernement français une indemnité de 2 millions de taëls est annulé et remplacé par le présent article, qui élève à la somme de 8 millions de taëls le montant de cette indemnité.

Il est convenu que les sommes déjà payées par la douane de Canton, à compte sur la somme de 2 millions de taëls, stipulée par le traité de Tien-tsin, seront considérées comme ayant été payées d'avance et à compte sur les 8 millions de taëls dont il est question dans cet article.

Les dispositions prises dans l'article 4 du traité de Tien-tsin, sur le mode de payement établi au sujet des 2 millions de taëls, sont annulées. Le montant de la somme qui reste à payer par le gouvernement chinois, sur les 8 millions de taëls stipulés par la présente convention, le sera en y affectant le cinquième des revenus bruts des douanes des ports ouverts au commerce étranger, et de trois mois en trois mois, le premier terme commençant au 31 décembre suivant. Cette somme, spécialement réservée pour le payement de l'indemnité due à la France, sera comptée en piastres mexicaines ou en argent sycé, au cours du jour du payement, entre les mains du ministre de France ou de ses délégués.

Une somme de 500,000 taëls sera payée cependant à compte, d'avance, en une seule fois, et à Tien-tsin, le 30 novembre prochain, ou plus tôt si le gouvernement chinois le trouve convenable.

Une commission mixte, nommée par le ministre de France et par les autorités chinoises, déterminera les règles à suivre pour effectuer les payements de toute l'indemnité, en vérifier le montant, en donner quittance, et remplir enfin toutes les formalités que la comptabilité exige en pareil cas.

Article 5.

La somme de 8,000,000 de taëls est allouée au gouvernement français, pour l'indemniser des dépenses que les armements contre la Chine l'ont obligé de faire, comme aussi pour dédommager les Français et les protégés de la France qui ont été spoliés lors de l'incendie des factoreries de Canton, et indemniser aussi les missionnaires catholiques qui ont souffert dans leurs personnes ou leurs propriétés.

Le gouvernement français répartira cette somme entre les parties intéressées dont les droits ont été légalement établis devant lui et en raison de ces mêmes droits, et il est convenu entre les parties contractantes que un million de taëls sera destiné à indemniser les sujets français ou protégés par la France des pertes qu'ils ont éprouvées ou des traitements qu'ils ont subis, et que les 7 millions de taëls seront affectés aux dépenses occasionnées par la guerre.

Article 6.

Conformément à l'édit impérial rendu le 20 mars 1846 par l'auguste empereur Tac-Kouang, les établissements religieux et de bienfaisance qui ont été confisqués aux chrétiens pendant les persécutions dont ils ont été victimes, seront rendus à leurs propriétaires par l'entremise de S. Exc. le ministre de France en Chine, auquel le gouvernement impérial les fera délivrer avec les cimetières et les autres édifices qui en dépendaient.

Article 7.

La ville et port de Tien-tsin, dans la province de Petcheli, seront ouverts au commerce étranger, aux mêmes conditions que le sont les autres villes et ports de l'Empire où ce commerce est déjà permis, et cela à dater du jour de la signature de la présente convention, qui sera obligatoire pour les deux nations, sans qu'il soit nécessaire d'en échanger les ratifications, et qui aura même force et valeur que si elle était insérée mot à mot dans le traité de Tien-tsin.

Les troupes françaises qui occupent cette ville pourront, après le payement des 500,000 taëls dont il est question dans l'art. 4 de la présente convention, l'évacuer pour aller s'établir à Takou et sur la côte nord du Shang-Tong, d'où elles se retireront ensuite dans les mêmes conditions qui présideront à l'évacuation des autres points qu'elles occupent sur le littoral de l'Empire.

Les commandants en chef des forces françaises auront cependant le droit de faire hiverner leurs troupes de toutes armes à Tien-tsin, s'ils le jugent convenable, et de ne les en retirer qu'au moment où les indemnités dues par le gouvernement chinois auraient été entièrement payées, à moins cependant qu'il ne convienne aux commandants en chef de les en faire partir avant cette époque.

Art. 8.

Il est également convenu que dès que la présente convention aura été signée et que les ratifications du traité de Tien-tsin auront été échangées, les forces françaises qui occupent Chusan évacueront cette île, et que celles qui se trouvent devant Pékin se retireront à Tien-tsin, à Takou, sur la côte nord du Shang-Tong ou dans la ville de Canton, et que dans tous ces lieux ou dans chacun d'eux le gouvernement français pourra, s'il le juge convenable, laisser des troupes jusqu'au moment où la somme totale de 8 millions de taëls sera payée en entier.

ARTICLE 9.

Il est convenu entre les hautes parties contractantes que, dès que les ratifications du traité de Tien-tsin auront été échangées, un édit impérial ordonnnera aux autorités supérieures de toutes les provinces de l'Empire de permettre à tout Chinois qui voudrait aller dans les pays situés au delà des mers pour s'y établir ou y chercher fortune, de s'embarquer, lui et sa famille, s'il le veut, sur les bâtiments français qui se trouveront dans les ports de l'Empire ouverts au commerce étranger.

Il est convenu aussi que, dans l'intérêt de ces émigrés, pour assurer leur entière liberté d'action et sauvegarder leurs intérêts, les autorités chinoises compétentes s'entendront avec le ministre de France en Chine pour faire les règlements qui devront assurer à ces engagements, toujours volontaires, les garanties de moralité et de sûreté qui doivent y présider.

ART. 10 et dernier.

Il est bien entendu entre les parties contractantes que le droit de tonnage qui, par erreur, a été fixé dans le traité français de Tien-tsin à cinq maces par tonneau sur les bâtiments qui jaugent 150 tonneaux et au-dessus, et qui, dans les traités signés avec l'Angleterre et les États-Unis, l'an mil huit cent cinquante-huit, n'est porté qu'à la somme de quatre maces, ne s'élèvera qu'à cette même somme de quatre maces sans avoir à invoquer le dernier paragraphe de l'article vingt-sept du traité de Tien-tsin, qui donne à la France le droit formel de réclamer le traitement de la nation la plus favorisée.

La présente convention de paix a été faite à Pékin en quatre expéditions, le vingt-cinq octobre mil huit cent soixante, et y a été signée par les plénipotentiaires respectifs, qui y ont apposé le sceau de leurs armes.

(L. S.) *Signé :* Baron Gros.
(L. S.) *Signé :* Prince de Kong.

Pour copie conforme :

Signé : Baron Gros.

PROCÈS-VERBAL

DE L'ÉCHANGE DES RATIFICATIONS DU TRAITÉ DE TIEN-TSIN.

Le vingt-cinq octobre mil huit cent soixante, les hauts commissaires des Empires de France et de

Chine, munis des pleins pouvoirs trouvés réciproquement en bonne et due forme, savoir :

Pour l'Empire de France, Son Excellence le baron Gros, sénateur de l'Empire et ambassadeur extraordinaire de Sa Majesté l'Empereur des Français en Chine, grand officier de la Légion d'honneur, chevalier grand'croix de plusieurs ordres, etc., etc. ;

Et, pour l'Empire de la Chine, le prince de Kong, membre de la famille impériale et haut commissaire ;

Se sont réunis au palais de Li-Pou, dans Pékin, à l'effet de procéder à l'échange des ratifications du traité de paix, d'amitié et de commerce signé à Tien-tsin, le 27 juin 1858, ayant avec eux les secrétaires et les interprètes des deux nations ; et Son Excellence le haut commissaire de France a remis entre les mains de Son Altesse Impériale le prince de Kong l'instrument original du traité de Tien-tsin, transcrit dans les deux langues et revêtu du grand sceau de l'État de l'Empire de France, et la signature de Sa Majesté l'Empereur des Français, qui déclare dans cet acte que toutes les clauses dudit traité sont ratifiées et seront fidèlement exécutées.

Son Altesse Impériale, ayant reçu le traité ainsi ratifié, a remis à son tour à Son Excellence le haut commissaire français l'un des exemplaires du même traité approuvé et ratifié au pinceau vermillon par Sa Majesté l'Empereur de la Chine, et l'échange des ratifications du traité signé à Tien-tsin en 1858 ayant eu lieu, les hauts commissaires impériaux ont signé le présent procès-verbal, rédigé par leurs secrétaires respectifs, et y ont apposé le cachet de leurs armes.

Fait en double expédition, dans le palais de Li-Pou, à Pékin, le 25 octobre 1860.

Signé : Baron Gros.

Kong.

ÉDIT IMPÉRIAL PUBLIÉ LE 20 SEPTEMBRE 1860 (1).

« J'ai toujours traité les différentes nations étrangères avec la même bienveillance; je leur ai accordé sans restriction la liberté de commerce. Aussi les Français et les Anglais sont restés longtemps avec la Chine en relations amicales, et pendant de longues années il n'y avait pas eu entre nous l'ombre d'un désaccord, lorsque tout à coup, dans la septième année de notre règne, ils ont porté la guerre dans la province du Kwang-Tong, ont brutalement occupé notre ville capitale de cette province, et enlevé nos mandarins.

« Convaincu que notre vice-roi Ye-Ming-chin était la cause de tous ces malheurs par son inhabileté

(1) Cette pièce fait partie de celles relatives aux incidents qui ont précédé et amené la signature de la paix à Pékin.

à traiter les affaires, nous n'avons pas hésité à l'en punir, et quand, dans la huitième année de notre règne, les barbares sont venus à Tien-tsin pour négocier, nous avons ordonné au vice-roi Tan-tin-sang de se rendre auprès d'eux pour régler les questions à résoudre. Ces barbares alors, profitant de ce que nous n'étions pas préparés, ont attaqué nos forts et sont arrivés sans coup férir à Tien-tsin.

« Craignant des malheurs sans nombre pour notre peuple, nous avons ordonné alors au premier ministre Kouei-Liang et à d'autres d'aller négocier avec eux et de mettre fin à la guerre ; et comme dans tous les articles proposés par eux, il y en avait de réservés, nous prescrivîmes à Kouei-Liang et aux autres de se rendre à Shang-Haï pour établir les futurs tarifs.

« Dans la neuvième année de notre règne, les barbares se présentèrent de nouveau devant Ta-Kou avec des navires de guerre et avec l'intention de détruire nos forts ; et c'est alors que notre généralissime Sing-ko-lin-sin, exaspéré, leur fit subir une déroute complète.

« C'est donc à eux seuls qu'ils doivent s'en prendre de leurs malheurs, et nullement la Chine qui a manqué à ses engagements. C'est, du reste, ce que tout l'univers sait parfaitement.

« Cette année encore, les chefs barbares Elgin, Gros et les autres se sont présentés à l'embouchure de la rivière, et, comme nous ne conservons aucune rancune du passé, nous avons permis qu'ils prissent la route de Pétang pour venir à la capitale échanger les ratifications de leurs traités.

« Nous ne pouvions pas croire alors qu'ils venaient avec des intentions détestables, amenant avec eux des canons sur des chars et des troupes de cavaliers et de fantassins, avec lesquels ils ont attaqué nos forts de Ta-Kou par derrière, forcé nos armées à fuir et sont arrivés pour la seconde fois à Tien-tsin.

« Considérant alors que Kouei-Liang était l'homme qui, les années précédentes, avait conféré avec eux à Pétang et à Tien-tsin, nous lui avons donné l'ordre d'aller ouvrir de nouvelles négociations avec eux.

« Croyant que ces barbares avaient quelques notions de justice et de convenance, nous espérions leur voir formuler des demandes auxquelles nous pouvions consentir. Mais qui aurait pu croire qu'on mettrait en avant des prétentions arbitraires, réclamerait le remboursement des frais de la guerre, l'ouverture de nouveaux ports, et voudrait amener des troupes jusque dans les environs de la capitale : toutes prétentions tellement exagérées et détestables que nous avons dû ordonner au prince Li-Asai-Youen et au ministre de la guerre Mou-Hig de tenter de négocier et de résoudre définitivement ces questions? Mais les barbares révoltés, pour satisfaire leur orgueil, vinrent menacer Tong-Tcheou avec une armée, exprimant en outre le désir d'amener leurs troupes à la capitale et de nous y voir.

« Si une prétention aussi insensée avait été concédée, comment aurions-nous pu nous présenter devant nos peuples? Aussi avons-nous dû donner les ordres les plus sévères aux divers commandants des troupes d'amener de partout des cavaliers et des fantassins, et d'aller combattre avec fureur.

« Nous avons également enjoint à tous les départements et districts voisins de la capitale de réunir les troupes de réserve pour renforcer les autres armées et les aider à combattre, et de lever des corps de volontaires à cet effet. Sur les routes ou dans les campagnes, tout homme, soit mandarin, soldat ou du peuple, qui coupera la tête d'un *noir*, recevra 50 taëls de récompense, 100 taëls pour celle d'un *blanc* et 500 pour celle d'un chef.

« Toutes les personnes qui pourront brûler ou prendre un navire barbare recevront 5,000 taëls, et en outre tout ce que le navire contiendra leur appartiendra. Le peuple de Tien-tsin, renommé de tout temps par son courage et sa fidélité, doit considérer les barbares comme des ennemis détestés et les attaquer soit ouvertement soit en sous-main, de façon à les exterminer.

« Nous ne sommes pas un empereur qui aime la guerre, aussi ne pouvons-nous surmonter la douleur qui nous accable, que nos peuples en soient convaincus. Quant à ceux de nos sujets, soit de Canton, du Fo-Kien et d'autres lieux que les barbares ont enlevés, nous les considérons toujours comme nos enfants et les engageons à tenter de fuir, en cherchant à couper la tête d'un barbare, et à venir nous l'offrir ; nous leur promettons en retour de les récompenser généreusement.

« Ces barbares viennent de contrées extrêmement éloignées, dans le seul but de faire du commerce, et si les choses en sont venues au point où elles en sont, ce ne peut être que parce qu'ils ont été appelés par les bandits et les rebelles de l'Empire.

« Pour parvenir à les détruire, nous ordonnons aux mandarins des ports de prendre toutes les mesures nécessaires pour ruiner leur commerce. Quant aux autres nations qui se montrent respectueuses et obéissantes envers nous, et dont les relations restent pacifiques, il est entendu que leurs transactions ne doivent pas être troublées.

« Cependant si les barbares venaient à se repentir de leur crime et à le reconnaître, il faudrait les laisser jouir dans les différents ports de la liberté de commerce qui leur a été concédée précédemment, pour bien établir ainsi que nous sommes un empereur généreux et bienveillant.

« Si, au contraire, ils persévèrent dans leur révolte, que mon peuple tout entier fasse tous ses efforts pour les anéantir tous, et nous jurons ici que cette race abominable, si elle n'a pas voulu reconnaître ses crimes, sera exterminée tout entière.

« Que cet édit soit porté à la connaissance de tous et respecté de tous ! »

CLIMAT DE LA CHINE.

« De toutes les contrées du globe, il n'en est aucune qui soit en situation de nous fournir autant de variétés de plantes nouvelles que la Chine, et malgré les emprunts que nous lui avons déjà faits en plantes alimentaires, industrielles et d'ornement, il est certain que nous sommes encore bien éloignés du jour où nous serons entrés en possession de toutes les richesses végétales dont elle jouit depuis des siècles. L'agriculture et l'horticulture chinoises étaient, en effet, déjà arrivées à un point de perfection très-avancée quand elles ne faisaient que de naître en Europe, et l'on sait qu'un des principaux caractères du progrès agricole est d'augmenter, par d'incessantes conquêtes sur la flore sauvage, le nombre des plantes cultivées, de les améliorer et de multiplier dans le but d'un emploi spécial, le nombre des variétés de chaque espèce.

« Le climat de la Chine ne présente aucun obstacle à l'introduction de ses végétaux chez nous, puisqu'il diffère très-peu, comme nous allons le démontrer, de celui de la France, en y adjoignant, bien entendu, nos départements africains.

« Ce qui facilitera surtout cette introduction, c'est que nous ne connaissons pas ces écarts de température entre les chaleurs de l'été et les froids de l'hiver qui sont excessifs dans la majeure partie du Céleste-Empire. Non-seulement la Chine, tout en s'étendant depuis le 22e dégré de latitude boréale jusqu'au 41e, ne jouit pas d'une température sensiblement plus chaude que celle de l'Europe méridionale dont les limites ne franchissent pas le 36e dégré, mais les maxima et les minima de température sont en France infiniment moins disparates. En voici la preuve. La température moyenne de Pékin est de 12° 7 au-dessus de zéro. La moyenne de Paris étant de 10° 6, celle de Lyon 13° 2, celle de Toulon 15° 8, il résulte de cette comparaison que le climat des provinces centrales de la Chine est celui du centre et du midi de la France. Quant à la température moyenne de Canton, elle est de 22° 9, 1 dégré 8 dixièmes plus élevée que celle d'Alger.

« L'analogie entre le climat de la France et celui de la Chine est donc assez complète pour qu'il n'y ait pas une seule plante cultivée en Chine qui ne puisse croître et mûrir chez nous, soit de ce côté-ci soit de l'autre côté de la Méditerranée. Il y a plus, la douceur relative de nos hivers nous aidera puissamment à transporter beaucoup plus au nord que cela n'est possible en Chine, certains végétaux qui redoutent de grands abaissements de température. Jusqu'à Pékin le thermomètre reste parfois des mois entiers au-dessous de zéro, ce qui n'arrive jamais dans les quartiers les plus froids de la France. Un missionnaire, le Père Amiol, qui a longtemps habité la capitale de l'Empire chinois et qui s'y est livré à des observations météorologiques quotidiennes fixe, en effet, la moyenne de la température hivernale de Pékin, à 4 degrés au-dessous de zéro, tandis qu'elle est à Paris de 3 degrés au-dessus. »

(*Extrait du* Moniteur *du 4 novembre* 1859.)

LES LETTRÉS CHINOIS ET LEUR LITTÉRATURE (1).

« Les lettrés forment une association perpétuelle, *gens æterna in qua nemo nascitur*, qui se recrute indistinctement dans tous les rangs de la nation, et c'est entre les mains de l'association que réside principalement la force publique et le gouvernement. C'est au moyen de cette institution si singulière et si peu connue, qu'on a résolu le problème d'une monarchie sans aristocratie héréditaire, offrant des distinctions sans priviléges, où toutes les places et tous les honneurs sont en quelque sorte donnés au concours, et où chacun peut prétendre à tout sans que pour cela l'intrigue et l'ambition y causent plus de troubles et de malheurs qu'en aucun autre pays du monde.

« C'est sans doute un pays assez singulier que celui

(1) Il nous a paru utile d'ajouter à l'appendice de ce volume, une étude sur les lettrés Chinois et leur littérature.

où l'on est parvenu à concilier les intérêts de l'ordre et de la stabilité avec ce que le talent et le mérite personnel sont en droit d'exiger pour chaque individu ; où la noblesse, acquise par des services rendus à l'État ou par des actes de vertu, n'est pas seulement viagère, mais ascendante, c'est-à-dire reportée sur les parents et ancêtres de celui qui l'a méritée ; où l'on ne s'est pas borné à punir le crime, mais où l'on tâche par des distinctions honorables, d'encourager les actions louables et de récompenser la vertu. Tant d'idées généreuses qui ont dicté ces usages et ces rits que des esprits superficiels ont tournés en ridicule, constituent sans doute un mode de civilisation digne d'être examiné, et doivent être comptés au nombre des causes qui expliquent la longue durée de la civilisation chinoise ; mais l'administration de l'État n'en reçoit qu'une influence indirecte ; elle dépend tout entière de cette oligarchie littéraire qu'on a su établir sur une base solide. Mettre de l'ordre dans le gouvernement d'un grand empire, en y appelant les gens de lettres, est sans doute le chef-d'œuvre de la politique ; je le propose comme un sujet d'admiration et non pas comme un modèle à imiter. Le genre de littérature auquel les Chinois sont attachés, la nature de leur langue et le génie de leur écriture, étaient des conditions indispensables au succès de ce système. Cette assertion, que je crains de ne pouvoir développer assez pour lui ôter l'apparence du paradoxe, réclame une explication particulière.

« La langue des Chinois diffère de celle des autres peuples, et leur écriture est fondée sur un principe tout particulier. On sait que, dans leurs caractères, on a cherché à peindre des idées et non à exprimer des sons. Les objets matériels ont été représentés par des traits qui rappellent leur forme, ou ce qu'ils ont de vraiment essentiel et caractéristique. Les notions abstraites, les sentiments, les passions, les opérations de l'esprit ont été figurés par des symboles ou des combinaisons de symboles. Cette direction donnée à l'art de l'écriture a influé sur les formes du langage, sur le caractère de la littérature et peut-être même sur le génie de la nation. Chez aucune autre, l'écriture ne s'est tenue si près de la pensée et, par une conséquence nécessaire, nulle part on n'a appris tant de choses en apprenant à lire.

« On a dit et assuré que les lettrés passaient leur vie à apprendre à lire ; c'est à penser et à juger qu'il eût fallu dire. Pour se trouver répétée en cent ouvrages, cette assertion n'en est pas moins absurde. Sans doute, les lettrés apprennent à lire toute leur vie, en ce sens qu'il peut leur arriver à tout âge de rencontrer un caractère qui leur soit inconnu, c'est-à-dire une idée qui est nouvelle pour eux. Et quel est l'homme de lettres à qui la même chose n'arrive pas souvent parmi nous ? Combien de noms et de mots, dont le sens ne nous est pas familier, n'apercevons-nous pas à l'ouverture d'un dictionnaire ?

« De l'étude des caractères chinois, les jeunes gens

passent à celle des livres ; mais notre manière d'étudier ne donnerait qu'une idée imparfaite de la méthode qui leur est imposée. Il ne s'agit pas pour eux de lire un choix de pensées, d'en retenir momentanément quelques-unes et de les oublier ensuite pour toujours. Tout lettré qui aspire aux grades, c'est-à-dire aux emplois, doit prendre, pour texte de ses travaux, des ouvrages dont l'ensemble est six fois plus volumineux que le code civil. Il faut qu'il sache les lire couramment, par conséquent qu'il en connaisse tous les caractères ; qu'il soit en état d'expliquer chaque mot, d'en assigner la valeur, de remonter à son origine ; qu'il puisse indiquer les passages parallèles, comme disent les savants, c'est-à-dire les différentes manières dont la même pensée a pu être exprimée ; qu'il soit, en outre, capable de récrire en entier le texte de ces mêmes ouvrages, en tournant le dos au livre (c'est l'expression consacrée), et de répondre, par écrit et en bon style, à toutes les difficultés qu'on peut proposer sur un endroit quelconque pris au hasard. Voilà, en général, le sujet de ces compositions dont on parle si souvent dans les relations, et qui occupent les lettrés toute leur vie.

« Maintenant, ces sujets, objets de tant de travaux, ne sont assortis, il faut le dire, ni à notre goût, ni à nos besoins. L'instruction qu'on y puise ne peut convenir qu'aux lettrés de la Chine. On n'y trouve sur les sciences que des lumières imparfaites et quelquefois trompeuses, et la vérité ne s'y montre souvent qu'accompagnée de graves erreurs. En ce qui concerne la politique et l'administration, tout ce qu'y verrait un Européen, c'est une foule de préceptes vagues, de maximes sans application pratique.

« Le principal effet de ces études doit être, il faut bien l'avouer, d'imprimer aux jeunes esprits une direction morale, avec un profond respect pour l'antiquité : deux choses qui ne sont guère à l'usage des peuples éclairés. Mais il faut se mettre à la place des hommes qu'on veut juger. C'est beaucoup pour un Chinois que de remonter à la source des antiques usages, que de prendre une teinture des lois et de l'histoire qui puisse lui servir de règle dans sa conduite politique. Enfin, je ne sais comment cela se fait, avec des connaissances très-superficielles dans les mathématiques et dans les arts du génie, les anciens princes de la Chine ont tracé le cours de la rivière Jaune et du Grand Fleuve. Ils en ont contenu les débordements par des digues, et favorisé le cours par des canaux qu'alimentent les eaux de cent rivières et qui sont assujettis, par le nivellement, à des difficultés immenses. Les politiques chinois ont fait plus encore et avec moins de moyens. Il ne leur a fallu qu'un peu de morale et des livres qui nous semblent pleins d'un insignifiant verbiage pour entretenir, en général, la paix et l'abondance dans un empire qui égale toute l'Europe en superficie, et qui la surpasse en population. »

(ABEL RÉMUSAT. — *Mélanges posthumes.*)

« De tous les éléments conservateurs de l'Empire, cette corporation des lettres est certainement la plus puissante. Aristocratie officielle par la nature des fonctions qu'elle exerce, peuple par son origine, elle est un obstacle aux révolutions populaires comme aux abus du pouvoir. La presse, en Chine, n'est point censurée, et il en sort quelquefois des productions assez hardies (1). Bien plus : il entre dans les attributions de certains officiers d'adresser au prince, sur tous les actes de sa puissance, quand ils paraissent s'écarter des anciens principes du gouvernement, des représentations toujours respectueuses, mais souvent très-catégoriques. C'est une sorte de droit de pétition que les lettrés se sont réservé , et qu'ils savent exercer quand même il y a du danger à le faire. Chose plus étrange encore, ces représentations sont imprimées dans la *Gazette officielle de Pékin*, avec les réponses de l'Empereur.

« Quinze mille charges ou emplois publics sont réservés à ces privilégiés de l'intelligence. Au faîte de la hiérarchie, nous trouvons les membres du conseil suprême, ceux du collége des Han-lin, sorte de Sorbonne de l'Empire : ceux des six départements ministériels, etc., etc.

« Si la littérature d'un peuple n'est pas toujours le miroir le plus fidèle de ses mœurs, elle est du moins

(1) En Chine, tous les journaux s'impriment et se vendent librement. E, M.

la révélation la plus sûre de ses idées et de ses passions dominantes. Ouvrez les livres persans, vous y trouverez l'amour matériel, des houris sans intelligence qui vous enivrent dans des banquets sans fin. Ouvrez les romans du moyen âge, vous avez devant vous tout l'arsenal de la chevalerie : les joûtes, les tournois, les nobles dames et les grands coups d'épée, et la jeune princesse, qui fuit en croupe avec son chevalier. Dans le roman chinois, la scène change ; nous sommes en présence d'un autre monde. Rien de pacifique comme ses héros, rien de modeste comme leurs aventures. C'est presque toujours un jeune bachelier, pauvre, studieux, timide comme sa fiancée qu'il aperçut un jour furtivement dans le jardin de ses parents, à travers la clôture de bambous. Depuis lors, il pâlit sur ses livres, à la lueur de sa petite lampe, pour mériter un amour qui sera le prix de ses études. Point d'épisodes romanesques, point de rapt, point de scènes furieuses. Il aime comme il est aimé, paisiblement et sans bruit. Et tout finit par un mariage suivant les rits, après un brillant examen.

« De tout cela on voit ce qui découle : des goûts simples, une grande patience, un esprit sérieux et méditatif, une imagination toujours réglée, toujours contenue par les barrières sociales ; l'amour de leurs institutions, le culte de l'antiquité, peuvent seuls émouvoir ces tranquilles natures. La Chine a ses Brutus ; les Werther lui sont inconnus.

« J'entretenais, il y a quelques années, des relations

amicales et suivies avec un jeune lettré du nord de la Chine, que le désir de voir l'Europe avait amené à Paris. Je l'interrogeais souvent sur les impressions diverses qu'il rapportait de ses promenades, et quelques-unes de ses paroles me sont restées dans l'esprit.

« Il admirait sans réserve nos découvertes scientifiques modernes, la photographie, le galvanisme, les merveilles de l'électricité. Nos grands édifices de pierre le frappaient, et le laboratoire de chimie de l'un de nos savants illustres le remplit d'un étonnement joyeux. Mais il n'enviait guère en général que les résultats positifs de nos sciences ; le côté moral de notre ensemble social était loin de l'impressionner favorablement.

« Nos maisons à plusieurs étages, où devaient vivre sous le même toit des familles inconnues les unes aux autres ; nos wagons où l'on montait pêle-mêle, sans savoir près de qui l'on ferait asseoir sa femme, sa fille ou sa sœur, cette égalité sur l'asphalte, ce coudoiement de tout le monde, sans la moindre attention pour les barbes blanches, tout cela bouleversait ses idées et le choquait d'une manière sensible.

« Les pénalités que prononce notre code lui paraissaient rarement en proportion exacte avec la nature des fautes, telles que son esprit les classait. La gradation des peines l'étonnait parfois davantage. Il trouvait l'assassin puni moins sévèrement que le faussaire, car l'idée d'un emprisonnement de vingt années lui semblait un atroce supplice, bien plus cruel que la mort.

« Il reconnaissait franchement la supériorité de notre initiative intellectuelle, sans être bien persuadé qu'il dût nous l'envier.

« Les yeux de votre intelligence sont plus perçants que les nôtres, » me disait-il, « mais vous regardez si loin que vous ne voyez pas autour de vous.

« Vous avez un esprit hardi qui doit vous faire réussir en beaucoup de choses, mais vous n'avez pas assez de respect pour ce qui mérite d'être respecté.

« Cette agitation perpétuelle dans laquelle vous vivez, ce besoin constant de distraction, indiquent clairement que vous ne vous trouvez pas heureux.

« Chez vous on est toujours comme un homme en voyage; chez nous on aime à se reposer.

« Quant à vos gouvernements, je veux croire qu'ils ont du bon; mais s'il vous convenaient aussi bien que nous convient le nôtre, vous n'en changeriez pas si souvent.

« Je suis bien sûr, moi, de retrouver dans mon pays les institutions que j'y ai laissées, et je vois que pas un d'entre vous ne me garantirait, seulement pour deux ans, la solidité de son gouvernement d'aujourd'hui. »

« C'est ainsi qu'il sera toujours difficile à l'Asiatique et à l'Européen de s'entendre sur l'aspect et la valeur des choses, chacun d'eux, pour les juger, se plaçant à un point de vue différent. »

MARQUIS D'HERVEY SAINT-DENYS.

(*La Chine devant l'Europe.*)

TABLE DES MATIÈRES

Paris. — Imp. W. REMQUET, GOUPY et Cie, rue Garancière, 5.

www.ingramcontent.com/pod-product-compliance
Ingram Content Group UK Ltd.
Pitfield, Milton Keynes, MK11 3LW, UK
UKHW020320230726
13925UKWH00002B/536

9 782013 415217